希望格差社会、それから

幸福に衰退する国の20年

山田昌弘

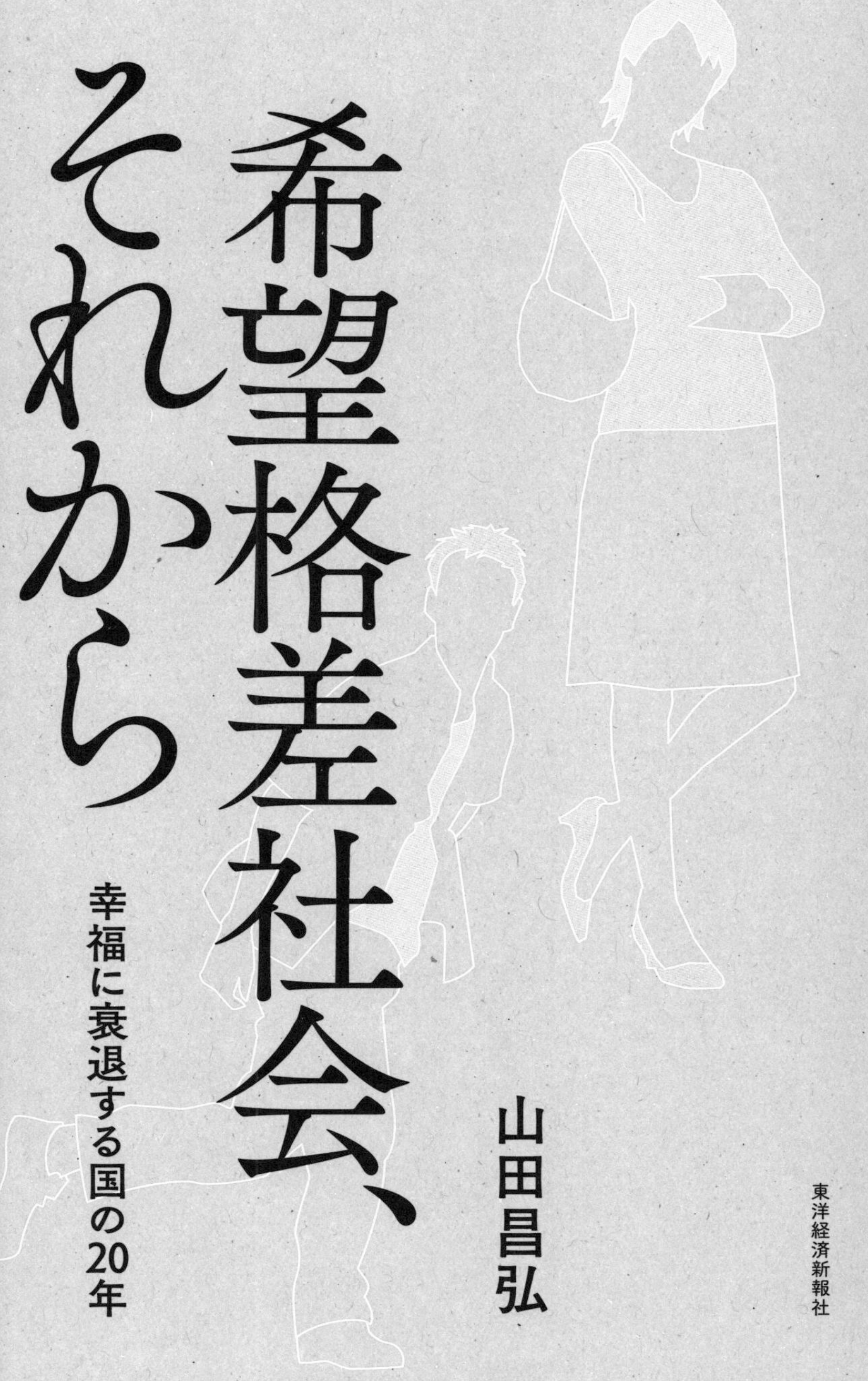

東洋経済新報社

まえがき

２０２２年、『令和４年版・男女共同参画白書』（内閣府）が発行されたとき、その中に「もはや昭和ではない」というコピーがあり、盛んに報道された。今は、令和である。もはや昭和ではないということは、平成が飛ばされたことになる。

もはや昭和ではないというコピーは、１９５６年の『経済白書』（旧経済企画庁）の「もはや戦後ではない」に倣ったものである。しかし、60年以上前のコピーは、荒廃した戦後という時期を脱却し、復興も軌道に乗り、これから豊かな社会を作っていくという希望に満ちあふれる時代が到来したという意味がこめられていた。

しかし、一昨年の「もはや昭和ではない」というコピーの裏には、もう昭和終了から30年以上経っているのにもかかわらず、未だ、日本社会は、昭和時代の呪縛にとらわれているのでは、という含意がある。

では、飛ばされた平成時代はどのような時代であったのか。

それは、日本社会から将来への希望が徐々に失われていく過程ではなかったのか。

私は、２００４年に『希望格差社会』という著作を上梓し、幸い、版を重ね、２００６年には流行語大賞までいただくことができた。人々の希望という観点から、格差が広がっていく日本社会の状況を描いたものであった。

では、平成が終わり、令和になった現在、日本社会はどのように展開していくのか。社会の格差は、人々の希望は。こんな動機で本書は書かれている。

私の分析は楽観的なものではない。格差は広がるだけでなく、固定化し、経済的に行き詰まりをみせている。しかし、人々は大きな不満を持つわけでもなく、幸福な生活を送っているようにみえる。実際に、後で紹介するが、様々な意識調査で、平成期に人々の生活満足度は上昇している。特に格差拡大の被害を最も受けているはずの若者の幸福度が上昇している。格差拡大、経済的停滞と人々の幸福感の高まり、このギャップを「幸せに衰退する」と私は表現した。

その秘密は、人々がリアルな世界ではなく、「バーチャル世界」で満足を得る方法を見いだすようになったからと考えている。リアルな世界では、生活は豊かにならず、経済的に越えがたい格差が存在している。しかし、バーチャル世界に意識を向けさえすれば、平等で希望に溢れた世界を体験することができる。

バーチャル世界は、人によってその内容は異なる。ある人はペットとの関係に、ある人はソーシャル・ゲームの中での活躍に、ある人はアイドルの推し活に、幸せを見いだしている。バーチャルな世界の広がりが、日本社会にとってよいことなのかどうかは、現時点では判断できない。それでも、リアルな世界で格差が広がる中、格差を埋め、人々に幸せを供給するプラットホームとして機能していることは確かなようにみえる。

本書では、まず、平成時代の日本社会において、様々な格差がどのように拡大してきたかを分析する。そして、希望という観点から、社会をみる視点を解説し、その人々の希望が戦後、昭和時代から現在に至るまでどのように変遷していったかを考察する。そして、平成期に進行したバーチャルな世界の広がりが、リアルな世界の格差を埋めるように機能しているロジックを解説し、それらの点で、平成時代が江戸時代後期の日本社会と類似している点を指摘する。

今後、どのように日本社会が展開していくのか、本書が日本の将来を展望する一助になれば幸いである。

目次

第2章 世界経済の構造転換と「4つの負のトレンド」の発生

第3章　生活者視点から「格差問題」を考える

第6章　バーチャルで格差を埋める時代

第7章　江戸時代化する？ 令和日本

第1章

平成時代に生じた「4つの負のトレンド」

1_1

平成時代という区切り

元号が令和になり、早くも5年経った。平成期（1989～2019年）を1つの区切られた時代として論じる書籍も多く出まわるようになった（吉見［2019a］『平成時代』、吉見（編）［2019b］『平成史講義』、金子［2019］『平成経済 衰退の本質』、與那覇［2021］『平成史』など）。

吉見がいうように、単に天皇の寿命といった個人的区切りによって元号が歴史的単位となるという見方は幻想かもしれない。ただ、平成という時代が「冷戦の終わりからグローバリゼーションという世界史的な激動の時代と重なる」（吉見［2019a］『平成時代』27頁）という彼の見方は妥当だろう。歴史の区切りが恣意的というのならば、100年ごとに区切る1世紀という区切りも恣意的だからだ。これも、人間の指が10本で10進法を採用しているという産物に過ぎない。むしろ、日本の「平成」の始まりが1989年であり、ベルリンの壁崩壊という世界史的なできごとと重なるのは、偶然にしろ、できすぎているかもしれない。

そして、平成の終わりは、天皇ご退位によって生じた区切りだが、こちらも、令和の始まりは、偶然にも「新型コロナウイルス」の流行開始と重なっている。令和が始まるのが2019

年5月1日、中国で新型コロナウイルスの報道があったのが令和元年12月であり、日本でも緊急事態宣言が発令（２０２０年３月）され、様々な行動制限が課されたときは、令和開始から1年も経っていなかった。本書執筆時点（２０２４年７月）では、行動制限は撤廃され、コロナ禍はほぼ収束に向かっている。ただ、日本社会はコロナ禍によって様々な影響を受け、コロナ禍前の社会、つまり、平成と同じ社会には戻れないという見方も広がっている。

そして、令和４年、２０２２年２月にはロシアのウクライナ侵攻が起き、２０２３年11月にはガザ地区でのイスラエルとハマスの戦闘が始まり、こちらも執筆時点で終息の見通しは立っていない。まさに、ベルリンの壁崩壊後が、冷戦後の秩序が揺らいだ象徴的出来事と考えると、平成（１９８９〜２０１９年）の30年を１つの特徴を持った時代と考えるのは、世界史的にみても意味あることだと思われる。

そして、30年という長さも、時代を考える上でちょうどよい長さである。なぜなら、人口学的にみて、一世代は約30年と計算されるからである。つまり、親と子どもの年齢差は、平均すれば30年（時代や性別で多少差はあるにしろ）と見積もることができる。つまり、平成元年に生まれた人は、ちょうど令和元年に出産期に入っていることになる。平成元年、バブル経済まっただ中に学校を卒業し就職していった人の息子、娘が、経済停滞の色濃く、新型コロナ禍が始まる令和元年に学校を卒業し、就職期に入っていったことになる。

□昭和とは大きく変わった平成時代

では、具体的に平成はどのような時代だったのだろうか。

私は、平成を、1つの安定した社会が続いた時代というよりも、いくつかのトレンドが進行して、令和につなげていった過渡期の時代と捉えてみたい。

ここで1つエピソードを挟もう。ここ数年、学生に「親があなたくらいの年齢だったときの生活や就職状況を聞いてこい」という宿題を出してきた（亡くなっていたり、交流がなかったり、仲が悪い場合は無理して聞いてこなくてよいという注もつけている）。対象学生はだいたい2000年前後生まれの20歳前後、親は50歳前後で、1970年前後の生まれである。（大学卒であれば）平成初期に学生時代を送った世代である。すると、多くの学生は驚いてレポートを書きあげてくる。まず、「親が、就職活動しないで就職した」というのが最大の驚きのようだ。「就職活動」という言葉が広まるのは、バブル経済崩壊後の就職氷河期（1993年卒）以降である。中には、「おかあさんにはアッシーやメッシーが何人もいたんだからね」といわれた男子学生もいて、生まれて初めてその言葉を聞いたとのことだった。「母はクラブでパラパラ踊って、そこでお父さん捕まえて結婚したといってたけど、先生行ったことある？」と聞いてくる女子学生もいたが。

私は、大学の教員になったのは1986年（昭和61年）、以降現在まで、大学生相手に仕事を続けてきている。教員になった当初はバブル開始と同時期、昭和末期の大学生は、学業そっちのけで「どうやって楽しく遊ぶか」に最大の関心があった、という印象を持った。遊んでいた学生も、卒業単位さえ落とさなければ、それこそ、何も特別なことをしなくても、楽にそこそこの企業や公務員になって就職できていたのを覚えている。

その後、平成に入って、数年経つと、バブルが崩壊。その後、就職氷河期がくる。アジア金融危機（１９９７年［平成９年］）直後、「リストラ」という言葉が流行語になり、銀行や生命保険会社の倒産が相次ぐ。そして、ミレニアムを経て、リーマンショック（２００８年）、東日本大震災（２０１１年）が起きる中で、大学生の就職が厳しさを増していったのが身にしみて実感される時期だった。

そして、30年後元号が令和になってみると「バイトと就活」で遊ぶ暇はないといった学生が目立つようになっている。中には、一年生のときから企業のインターンに行ったり、公務員受験予備校に通う学生もいれば、学費と生活費のためにバイトを掛け持ちしている学生もいる。そして、授業の出席率が相当向上している。９時に始まる授業の出席率が95％以上など、昔は考えられなかった。学生が真面目になったと喜ぶべきなのか、それとも大学で遊ぶ余裕がなくなったと嘆くべきなのか（これは私だけの実感でない。金間［２０２２］『先生、どうか皆の前でほめないで下さい』を参照いただきたい）。

このように、学生生活の印象１つとってみても、「遊び中心の生活」から「バイトと就活中心の生活」への変化が平成時代に進行した。その背景には、就職状況の悪化はもちろん、親世代の経済状況の変化がある。生活費や授業料が高騰する中、学生の親世代の収入は増えず、その結果、30年前ほど子どもにお金をかけられなくなっているからである。

情報化も平成に進んだトレンドであることには異論がないだろう。学生に、「先生が学生の時、どうやってデートの待ち合わせしていたんですか、当時、携帯電話なかったですよね」と聞かれたことがある。「いやあ、約束の時間と場所を決めて、相手が来なかったときは、駅に伝言板というものがあってね……」と答えている。

１９９０年代半ばにポケベルが出てきたと思ったら、携帯電話、インターネットが急速に普及し、令和には、スマホを持つことがデフォルトとなり、今はソーシャル・メディア（ＳＮＳ）を小学生も使いこなす時代となった。そして、令和になった今も、情報環境は進化し続けている。大学の先生も、コピペ対策、英語の授業での自動翻訳対策はあたりまえで、最近は生成ＡＩでレポートを書くことへの対策を迫られている状況である。

□平成日本で生じた「４つの負のトレンド」

本章では、まず、平成時代の日本社会の変化の背景をなす特徴的なトレンド、特に望ましくないネガティブなトレンドを私なりに４つに整理してまとめてみた（図表１-１）。列挙すると、

図表1-1　平成時代の日本に生じた「負のトレンド」

①　経済停滞
②　男女共同参画の停滞
③　少子高齢化の進行
④　格差社会の進行

（出所）著者作成。

①経済停滞、②男女共同参画の停滞、③少子高齢化、そして、本書のテーマである④格差社会の進行である（吉見俊哉は平成に起きた望ましくない現象を「失敗」と呼んでいるが）。

その４つを順に検討しながら、平成時代、日本社会に何が起きたかをまず検討していこう。

1_2 経済停滞

まず、①経済停滞をみてみよう。これは、多くの論者によって語られているものである。世界的にみて、平成時代の日本の経済が停滞していたことは目にみえて明らかである。２０１５年頃は、バブル崩壊後の「失われた20年」といっていたが、最近は平成時代そのものである「失われた30年」といわれるまでになった。

少し振り返ってみよう。

平成元年、1989年はバブル経済のまっただ中で始まった。そして、その前の昭和の最後の10年間である1980年代は、「ジャパン・アズ・ナンバーワン（Japan as No.1）」（エズラ・F・ヴォーゲル［1979］）といわれたように、日本経済は、その規模においても、質においても、世界のトップクラスにいたといっても過言ではない。しかし、平成が終わる2019年には、「ジャパン・アズ・ナンバーワン」などという人どころか、この言葉は完全に忘れ去られるくらい、日本経済は停滞し、世界の中で遅れをとっていることが明らかになっている。そして、令和になり、新型コロナ禍が収束に向かった2023年に円安が進んでみると、諸外国に比較して、日本経済の立ち後れがとても目立つようになっている。

それを示すデータは枚挙に暇《いとま》がない。

1990年頃には、世界経済の中で、日本は規模ではアメリカに次いで2位の座は不動のものであった。そして、その経済力は世界の中でも抜きんでていると思われていた。

IMD（国際経営開発研究所）が発表する世界競争力ランキングでは、1989年の第1回発表で日本は世界1位（1992年まで1位）であった。日本製品は、自動車やゲーム機だけではなく、テレビやビデオ、CDプレーヤーなどの家電製品も世界を席巻していた。産業のコメといわれていた半導体産業も世界の最先端を走っていた。当時の労働生産性は、「製造業」では他国を大きく引き離して断トツの世界ナンバーワンであった。

生活水準の目安である1人当たりGDP（ドル換算）でも、1990年には、日本は世界10

位で11位のアメリカを上回り、イギリス（16位）、ドイツ（18位）より上、アジアでは、シンガポール（27位）や香港（26位）の約2倍、韓国（42位）の約4倍あり、アジアで最も豊かな国という座は当然で、いずれ、欧米をも追い抜くと思えた。

いわゆるバブル経済の最中である。日本は、平成時代も大きく経済成長を続け、このまま豊かになり続けていくという見通しをみんなが持っていたと思う。

令和2年（2020年）でみてみると、経済規模はまだ世界3位ではあったが、中国に抜かれ、その差はますます開いている。2023年には、人口規模が3分の2のドイツに抜かれ、世界4位に転落し、5位のインドに迫られている。2024年のIMD世界競争力ランキングでは、なんと67カ国中38位に沈み、欧米諸国はもちろん、タイ、中国より下にいる（図表1-2）。

経済競争力はどんどん落ちている。得意分野であったはずの製造業の生産性でさえ、トップだったのは2000年までで、今世紀に入ってから急落し、2019年OECD31カ国中18位まで後退した。その上、GDPにおける製造業の比率は下がり、非製造業の割合が増えるにしたがって、日本の経済上の優位性はどんどん低下する。そもそも非製造業も含む全産業では、日本の労働生産性は、1990年時点でも高くなかった。それが、2020年には、先進国の中では最低レベルにある。これは、吉見がいうように、「日本企業の失敗」といっても過言ではないだろう（図表1-3）。

1人当たりGDPは、2022年で第27位であり、米独英はもちろん、シンガポールや香港

図表 1-2　国際競争力ランキング推移

順位	国・地域名	2023年との順位差
1	シンガポール	3
2	スイス	1
3	デンマーク	▲2
4	アイルランド	▲2
5	香港	2
6	スウェーデン	2
7	アラブ首長国連邦	3
8	台湾	▲2
9	オランダ	▲4
10	ノルウェー	4
11	カタール	1
12	アメリカ	▲3
13	オーストラリア	6
14	中国	7
15	フィンランド	▲4
16	サウジアラビア	1
17	アイスランド	▲1
18	ベルギー	▲5
19	カナダ	▲4
20	韓国	8
21	バーレーン	4
22	イスラエル	1
23	ルクセンブルク	▲3
24	ドイツ	▲2
25	タイ	5
26	オーストリア	▲2
27	インドネシア	7
28	イギリス	1
29	チェコ	▲11
30	リトアニア	2
31	フランス	2
32	ニュージーランド	▲1
33	エストニア	▲7
34	マレーシア	▲7
35	カザフスタン	2
36	ポルトガル	3
37	クウェート	1
38	日本	▲3
39	インド	1
40	スペイン	▲4

（出所）IMD「世界競争力年鑑」2024 年版より作成。

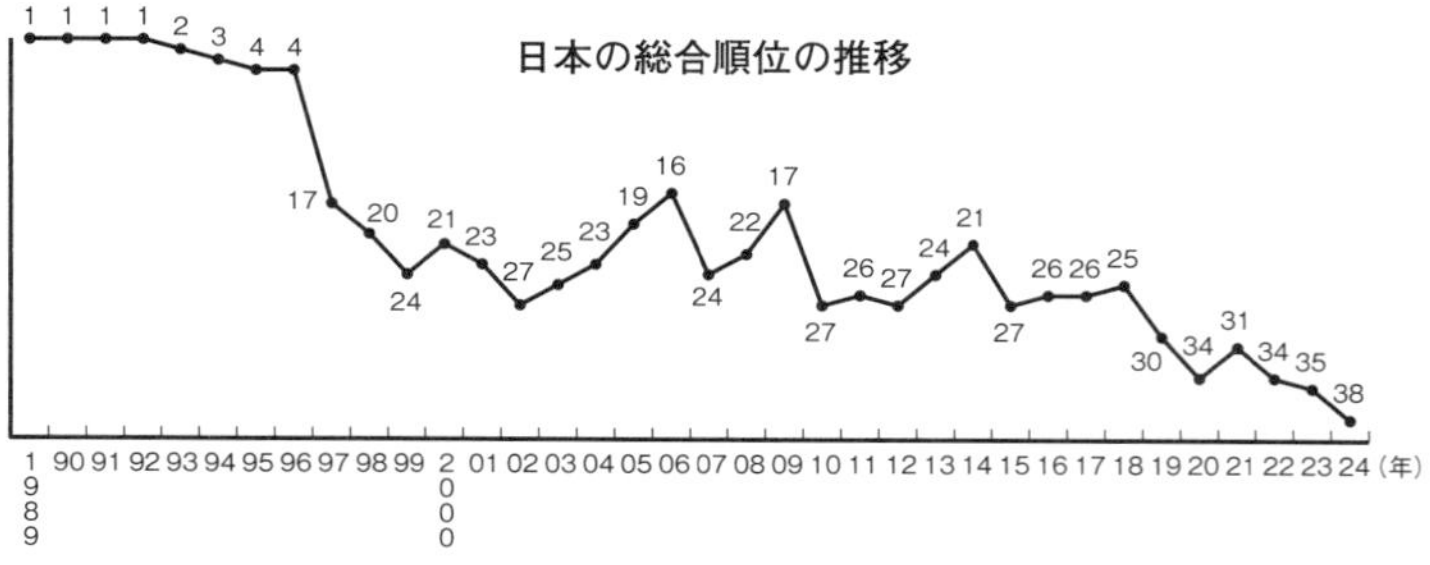

（出所）IMD「世界競争力年鑑」各年版より作成。

図表1-3　製造業労働生産性推移

	2000年	
1	日本	86,894
2	米国	78,876
3	スイス	77,790
4	アイルランド	75,679
5	スウェーデン	72,433
6	フィンランド	70,948
7	ベルギー	65,037
8	ルクセンブルク	61,548
9	オランダ	60,665
10	カナダ	59,683
11	デンマーク	59,517
12	英国	59,209
13	フランス	59,049
14	ノルウェー	57,697
15	イスラエル	57,457
16	オーストリア	56,279
17	ドイツ	52,401
18	アイスランド	47,056
19	イタリア	45,213
20	オーストラリア	39,956

	2010年	
1	アイルランド	203,893
2	スイス	169,327
3	ノルウェー	137,504
4	米国	126,865
5	スウェーデン	126,451
6	デンマーク	124,687
7	ベルギー	120,801
8	フィンランド	118,551
9	日本	117,522
10	オランダ	114,655
11	オーストリア	108,266
12	フランス	102,477
13	カナダ	96,416
14	ドイツ	96,111
15	英国	95,872
16	オーストラリア	91,544
17	アイスランド	91,083
18	ルクセンブルク	87,268
19	イスラエル	86,393
20	スペイン	76,331

	2020年	
1	アイルランド	561,469
2	スイス	200,687
3	デンマーク	163,994
4	米国	152,827
5	ベルギー	128,389
6	スウェーデン	123,618
7	オランダ	123,401
8	イスラエル	121,047
9	ノルウェー	116,590
10	フィンランド	115,443
11	ルクセンブルク	110,962
12	オーストリア	106,126
13	英国	98,854
14	ドイツ	96,587
15	アイスランド	96,581
16	フランス	95,651
17	日本	94,344
18	韓国	94,137
19	ニュージーランド	79,841
20	スペイン	71,731

	2021年	
1	アイルランド	617,383
2	スイス	221,531
3	デンマーク	181,428
4	米国	168,989
5	スウェーデン	143,197
6	ベルギー	138,858
7	オランダ	137,315
8	フィンランド	124,175
9	イスラエル	123,844
10	ノルウェー	120,876
11	ルクセンブルク	117,923
12	オーストリア	117,774
13	アイスランド	115,023
14	英国	107,938
15	ドイツ	104,298
16	韓国	102,009
17	フランス	96,949
18	日本	94,155
19	イタリア	82,991
20	スペイン	80,244

（出所）労働生産性の国際比較2023。

にも抜かれ、引き離されている。２０２３年には台湾、韓国にも抜かれたといわれている。アメリカと比較してみよう、この30年間でアメリカでは１人当たりＧＤＰが倍以上（２万４０００ドル→６万３０００ドル）になったのに、日本は増えたといっても１・５倍（２万５０００ドル→４万ドル）程度でしかない。イギリスやドイツでもほぼ倍、韓国は５倍になっている（図表１－４）。

つまり、１人当たり平均生活水準は30年で先進国でも２倍以上になっているのに、日本では１・５倍にしかなっていないのである。多少、上昇しているといっても世界の中では、経済停滞といわれても仕方がない数値である。そして、平均給与水準でみてみると、１９８９年は、年間４６３万円であったものが、多少上下しながら、２０２０年では、４３６万円まで減少している。物価上昇分を考えると、働く人１人当たりの給料は実質的に大きく減少していることがわかる。

金子勝は前掲書で「もう日本は先進国ではない」とはっきり言い切る。しかし、日本に住んでいる限り、その実感には乏しい。とりあえず、世界に比べれば低率とはいえ、一応経済成長はしている。多くの働く人の収入は増えないとはいえ、一応生活水準はそれなりに維持されているからである。かつて先進国でアジアナンバーワンだったから、今でもそうであると思っている日本人もまだまだ多いのではないだろうか。

ただ、ひとたび海外に視点を移すと様相が違ってくる。

図表1-4　1人当たりGDP推移

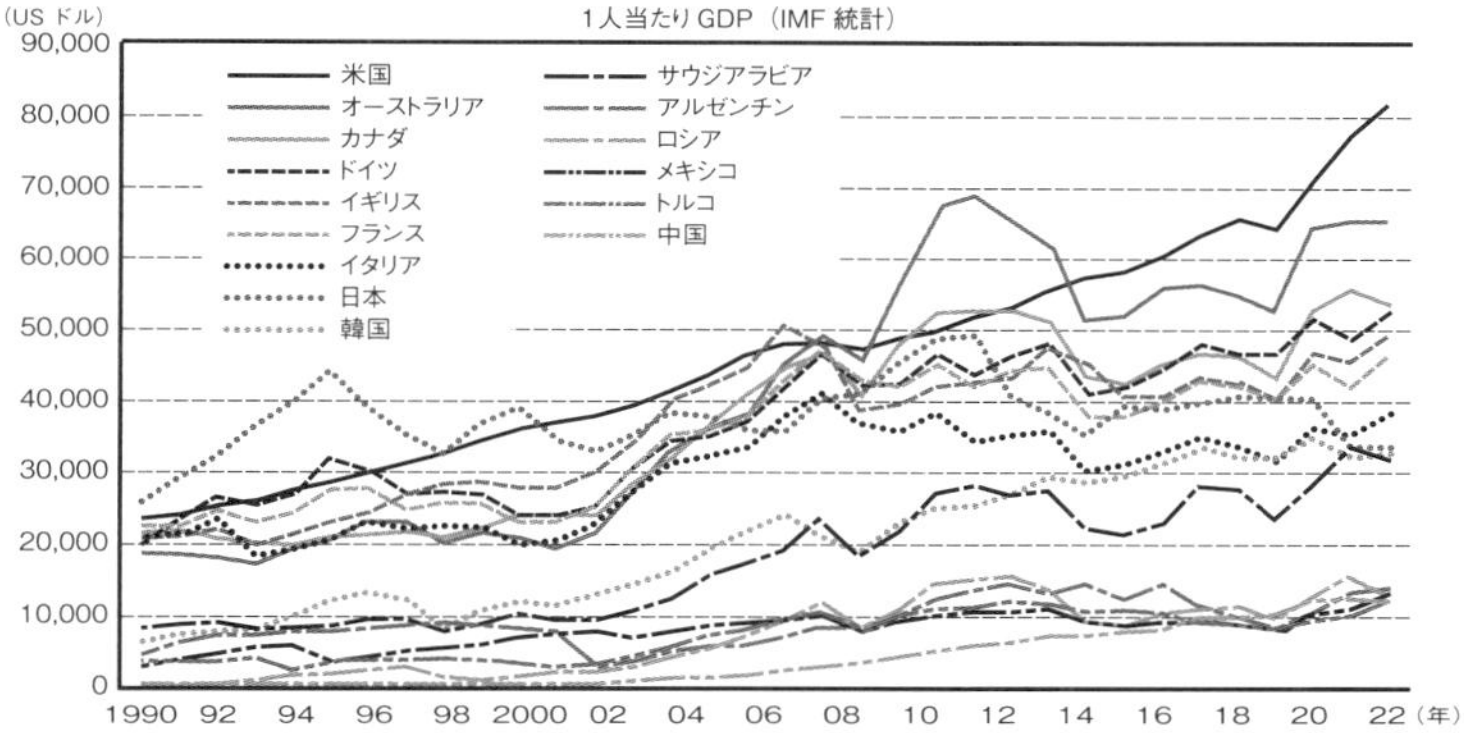

1人当たりGDP（IMF統計）
（USドル）
90,000
80,000
70,000
60,000
50,000
40,000
30,000
20,000
10,000
0
米国
オーストラリア
カナダ
ドイツ
イギリス
フランス
イタリア
日本
韓国
サウジアラビア
アルゼンチン
ロシア
メキシコ
トルコ
中国
1990 92 94 96 98 2000 02 04 06 08 10 12 14 16 18 20 22（年）

OECD加盟諸国の1人当たりGDP（2022年／38カ国比較）

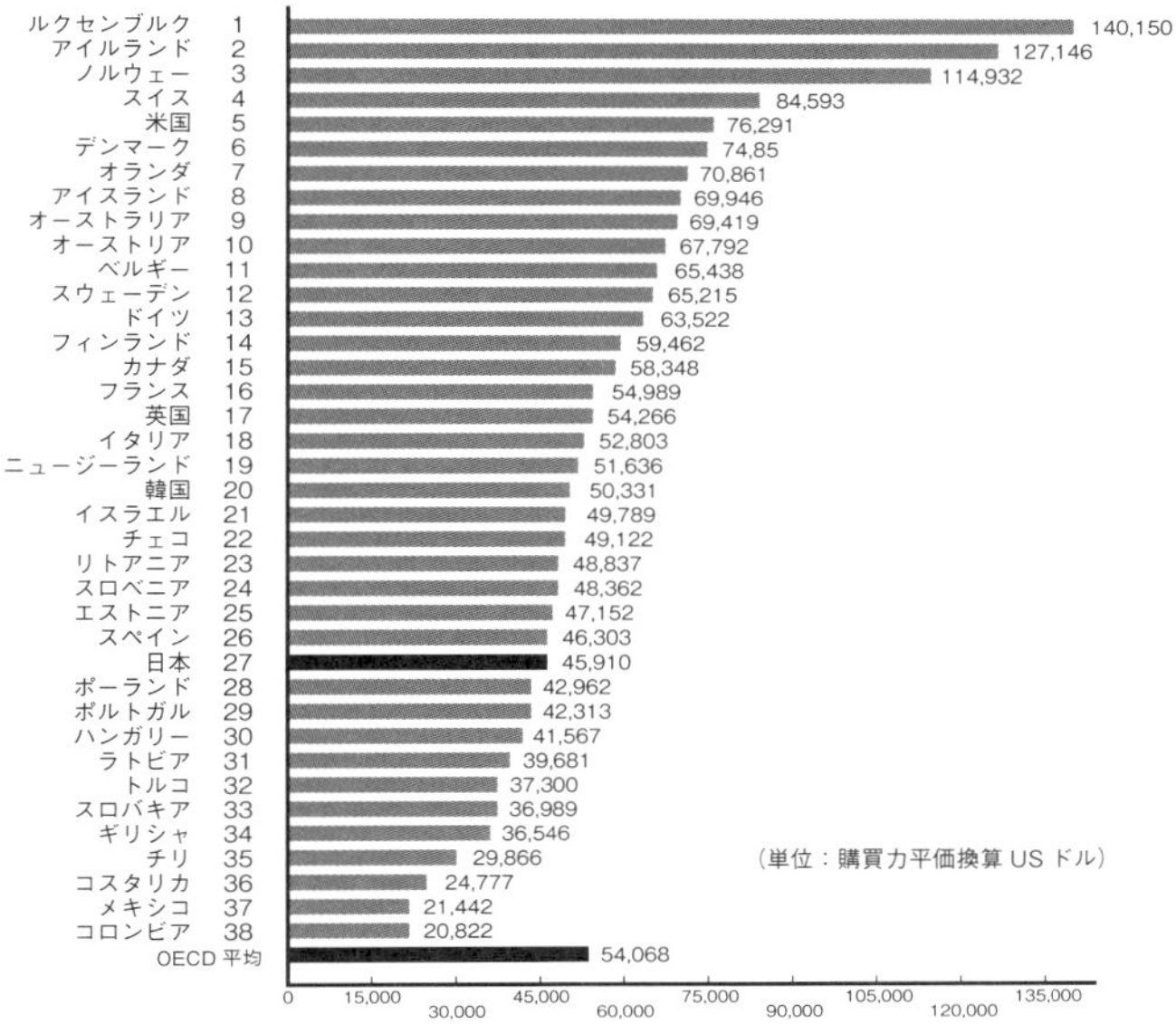

ルクセンブルク 1 140,150
アイルランド 2 127,146
ノルウェー 3 114,932
スイス 4 84,593
米国 5 76,291
デンマーク 6 74,85
オランダ 7 70,861
アイスランド 8 69,946
オーストラリア 9 69,419
オーストリア 10 67,792
ベルギー 11 65,438
スウェーデン 12 65,215
ドイツ 13 63,522
フィンランド 14 59,462
カナダ 15 58,348
フランス 16 54,989
英国 17 54,266
イタリア 18 52,803
ニュージーランド 19 51,636
韓国 20 50,331
イスラエル 21 49,789
チェコ 22 49,122
リトアニア 23 48,837
スロベニア 24 48,362
エストニア 25 47,152
スペイン 26 46,303
日本 27 45,910
ポーランド 28 42,962
ポルトガル 29 42,313
ハンガリー 30 41,567
ラトビア 31 39,681
トルコ 32 37,300
スロバキア 33 36,989
ギリシャ 34 36,546
チリ 35 29,866
コスタリカ 36 24,777
メキシコ 37 21,442
コロンビア 38 20,822
OECD平均 54,068
（単位：購買力平価換算USドル）
0 15,000 30,000 45,000 60,000 75,000 90,000 105,000 120,000 135,000

（出所）日本生産性本部『労働生産性の国際比較2023』。

私は1993年にカリフォルニア大学バークレー校に1年、訪問研究員として滞在する機会を得た。バブル崩壊とほぼ同時期とはいえ、日本の円はまだ強く、アメリカの物価は相当安いと感じることができた。サンフランシスコの金門橋がみえる広い2LDK（約100平米）を月800ドル、当時のレートで約7万円で借りることができた。そして、大学町であるバークレーには、日本人観光客はもちろん、日本人留学生、日本企業からの派遣研究員、語学留学生が溢れていた。このままいけば、日本がアメリカを凌駕する日が来るのではないかと思えるほどであった。

ほぼ20年後、2014年に香港に1年滞在する機会を得た。家賃は狭い2DK（たった45平米）が月25万円。最初は中心部でワンルーム月30万円の物件を紹介されたのだがさすがに断り、郊外のアパートにしてもこの値段だった。円安によって翌年3月には実質月30万円になった。また、同時期にバークレーに滞在した知り合いの大学教授に聞いたところ、日本人留学生は数えるほど、逆に中国人留学生が幅をきかせていたそうである。何より、家賃月20万円以上出さないとまともな部屋は借りられないとのこと。さらに、2023年、私の友人（京都先端科学大学・神原歩准教授）がニューヨーク郊外のプリンストン研究所に滞在しているので聞いたところ、ワンルームマンションの家賃が月40万円ということで、悲鳴を上げていた。現実に、あまりの家賃の高騰で、欧米や香港での在外研究を諦めたという研究者が何人もいる。

平成初頭のバブル経済期には、日本人観光客が世界、特に欧米に溢れかえっていた。シャネルやグッチ、フェラガモなどヨーロッパのブランド店に、日本人の若い女性が並んで入店を待つ風景がよく報道されたものである。

いつしか、欧米への観光客の中心は日本人から、中国系（台湾、香港、シンガポール、そして中国の富裕層）に取って代わられた。平成末期以降には、中国系の観光客が日本に殺到して買い物する時代になってしまった。日本が安くかつ快適に旅行できる国になったことは、日本人にとってうれしいことなのであろうか。その結果かどうかはわからないが、「海外旅行の目的地の競争力」、いわゆる観光競争力では、2021年より、日本はナンバーワンの座を獲得している（世界経済フォーラム）。

2023年以降、急速に円安が進んでいるのも、単に日米の金利差が原因というよりも、日本の経済力低下の反映といった方がよいと思っている。

1_3 男女共同参画の停滞

次に、②男女共同参画の停滞をみていこう。男女共同参画の停滞の内実は、女性活躍の遅れである。そして、日本の女性の活躍度は、世界的に見てたいへん遅れている。

男女平等の国別達成度を示す「ジェンダー・ギャップ指数」（世界経済フォーラム）は、2020年の時点では156カ国中120位と、最低レベルにある。この指数は、2006年から作成され、その年は115カ国中79位だった。その後、新しい国が加わるごとに、ほぼ毎年順位を下げてきた。さらに、令和に入っても反転することはなく、2023年は、146カ国中125位と過去最低になった（政治分野138位、経済分野121位）。2024年には、統一地方選挙で女性地方議員が少し増えたので、118位と多少改善したが。

特に、政治、経済の分野での女性の活躍の立ち遅れは著しい。

例えば、衆議院議員の女性比率は、2024年9月の時点では9・9％であり、調査対象189カ国中165位。ヨーロッパやアジアの国々では女性大統領や女性首相は珍しいものではなくなっているのにである。特に日本では、地方議員や首長での女性割合が極端に低い。東京や大阪などでこそ女性知事が誕生したが、大都市部を除けば、地方政界での女性進出は極めて

図表1-5　女性議員比率国際比較

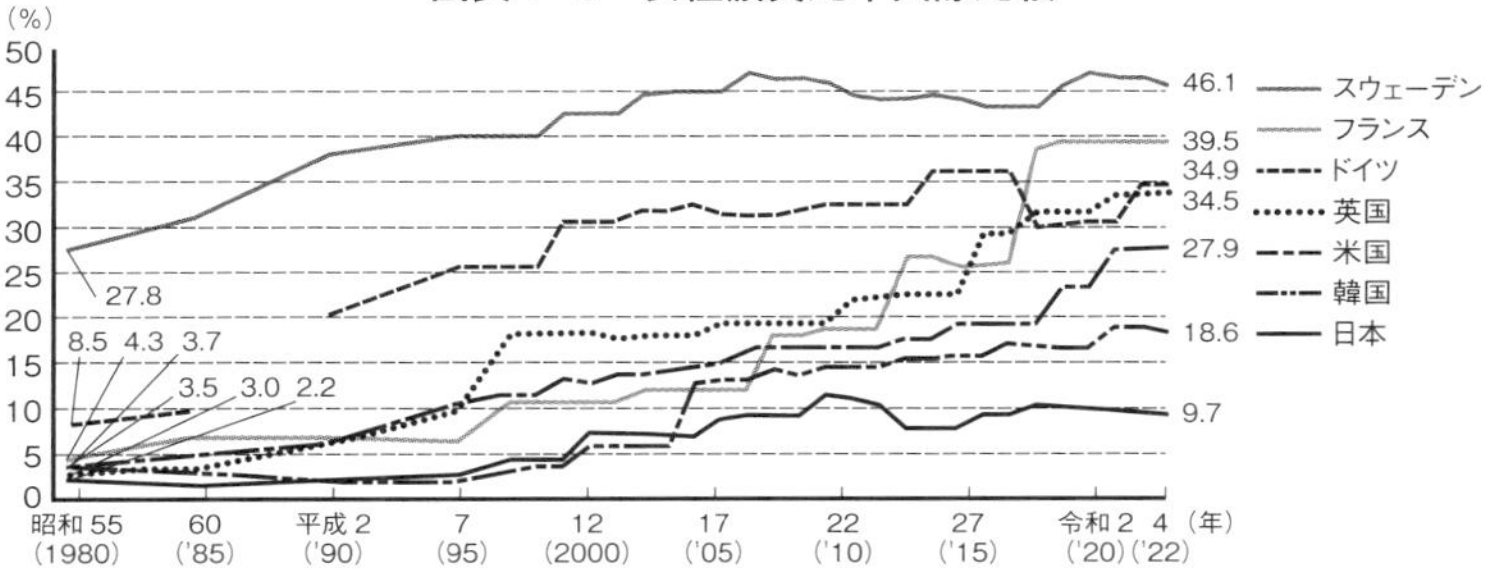

（備考）1. IPU資料（Monthly ranking of women in national parliaments）より作成。調査対象国は令和4（2022）年3月現在189カ国。昭和55（1980）年から平成7（1995）年までは5年ごと、平成9（1997）年以降は毎年の数字。各年12月現在（平成10（1998）年は8月現在、令和4（2022）年は3月現在）。
2. 下院又は一院制議会における女性議員割合（日本は衆議院における女性議員割合）。
3. ドイツは昭和60（1985）年までは、西ドイツの数字。
（出所）内閣府男女共同参画局『令和4年版　男女共同参画白書』。

遅れている。特に町村では、女性議員が1人もいない議会が2024年時点で数多く存在している（図表1-5）。

経済分野での活躍も立ち遅れている。女性管理職比率（公的部門も含む）も、2020年で13・3%と、欧米諸国（30~40%程度）はおろか、韓国（15・7%）にも及ばない。女性が多い看護師長や校長・教頭など公的部門が除かれた民間企業の管理職比率は10・2%（全産業）となっている（厚労省調査）（図表1-6）。

男女雇用機会均等法が成立したのは、昭和末期の1985年であった。そして、男女共同参画社会基本法が成立したのは1999年、平成11年である。そして、同時に作成された行動計画においては、指導的地位にある者（議員や管理職、大学教授や裁判官など）の

図表1-6　女性管理職比率の国際比較

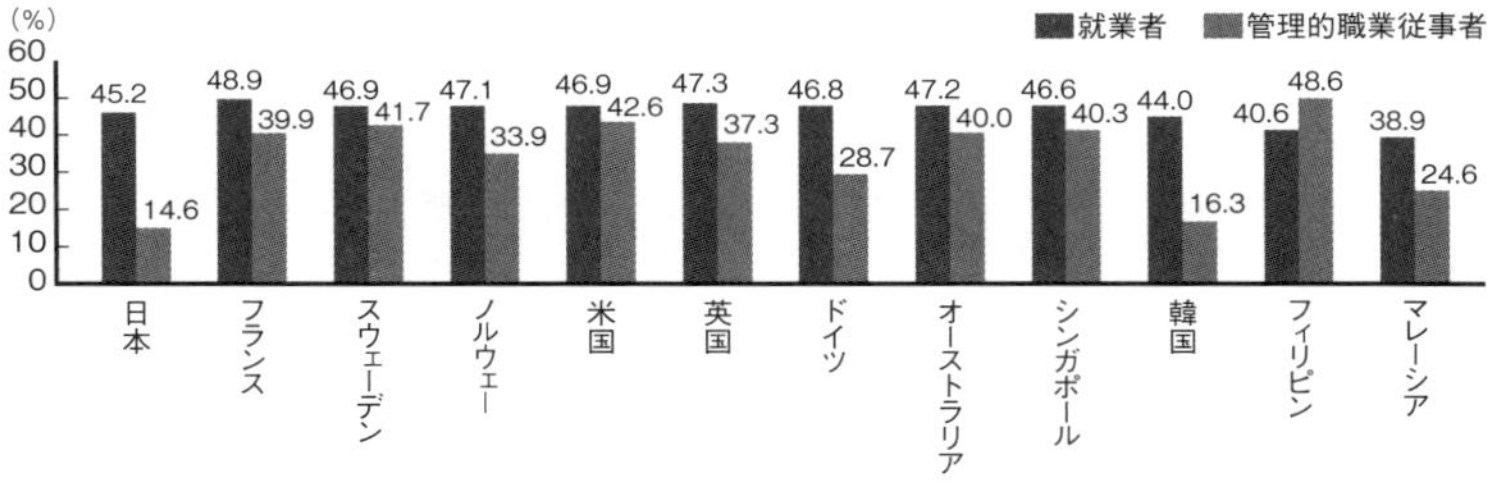

（備考）1. 日本については総務省「労働力調査（基本集計）」、日本以外の国はILO“ILOSTA”より作成。
2. 日本、米国及び韓国は令和5（2023）年、オーストラリアは令和2（2020）年、英国は令和元（2019）年、その他の国は令和4（2022）年の値。
3. 総務省「労働力調査」では、「管理的職業従事者」とは、就業者のうち、会社役員、企業の課長相当職以上、管理的公務員等。また、「管理的職業従事者」の定義は国によって異なる。
（出所）内閣府男女共同参画局『令和6年版　男女共同参画白書』。

女性比率の目標値30％を掲げている。しかし、均等法から40年弱、基本法から約25年経った２０２４年現在においても、その目標には遠く及ばない。

確かに、平成の初めと比較すれば、女性の参加度は高まっている。衆議院議員女性比率は、１９８６年には１・４％だった。それが、２０２０年には８・９％となっている（世界平均27％）。確かに、民間企業の女性管理職比率（課長級）は、１９８９年にはわずか２・０％だったことを考えると多少は進んでいるのかもしれないが、他の国の進み方が速いのに、日本はその歩みがたいへん遅いのである。例えば、１９９８年ではアメリカの女性下院議員比率は11・８％と今の日本と大差なかった。しかし、２０２０年には、23・７％とほぼ倍増、12ポイントも上昇している。

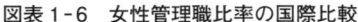

私は、男女共同参画行政に長く委員としてかかわっているが、官僚は、いつも女性活躍は前進していますと回答する。何十年も委員を続け過日引退した女性教授が、このままのペースだと私の目の黒いうちに、目標の30％に届くかどうかと嘆いていた。

他の先進国、そして、新興国さえも、様々な手段で女性の政治的、経済的活躍をサポートする政策を実行している。女性立候補者が多い政党を優遇したり、女性役員がいることを株式上場の条件としたりする国もある。

しかし、日本では、政策において「女性活躍」というかけ声だけはかかるが、実質的に強制力を持った政策はなされていない。企業における女性管理職比率の数字の公表でさえ、抵抗が強く、なかなか実現しなかった。後で述べるが、現状（ここでは男性優位という社会構造）をなるべく変えたくないという日本社会の「慣性の法則」が働いているとしか思えないのである。

1_4 少子高齢化の進行

少子高齢化は、世界的に進行しているトレンドではある。日本の平成期の30年の間でも、多くの国で出生率が低下し、高齢化率が高まっている。

図表1-7　高齢化率（1990年と2020年の国際比較＋2023年）

（%）

	1990年	2020年	2023年
日本	12.1	28.6	29.1
韓国	5.2	15.8	18.4
中国	5.6	12.6	14.3
イタリア	14.9	22.0	24.5
ドイツ	14.9	21.7	22.7
アメリカ	12.6	16.2	17.6

（注）2023年の数字は速報・暫定値。
（出所）内閣府『令和4年版　高齢社会白書』総務省統計トピックスより作成。

ただ、日本は少子高齢化のスピードで世界の中でその先頭を走ってきた。2023年の高齢化比率（65歳以上人口の割合）は、29・1％。主要国の中で「断トツ」の世界1位である。1990年には、12・1％だったので、30年で約18ポイントもアップしたのである。2023年の数字で比べてみても、日本に次いで2位のイタリアでさえ24・5％、アメリカ17・6％、韓国18・4％、中国14・3％である。1990年には、ドイツ、イタリアが世界のトップで14・9％、アメリカでさえ12・6％で、日本より高齢社会だったのである。平成時代の日本の高齢化のスピードが、世界と比較していかに速かったかがわかる（図表1-7）。

高齢化が世界最速といえるペースで進んだのは、1つは子ども数の減少が長期的に続いていたからであり、もう1つは、アメリカやドイツ等他の先進国と異なり、移民の受け入れをほとんど行わなかった

図表1-8　合計特殊出生率（1990年と2020年の国際比較）

	1990年	2020年
日本	1.54	1.34
韓国	1.57	0.84
シンガポール	1.83	1.10
アメリカ	2.05	1.64
フランス	1.77	1.83
ドイツ	1.45	1.53
イタリア	1.33	1.24
スウェーデン	2.13	1.67
イギリス	1.83	1.56

（出所）厚生労働省「人口動態統計月報年計（概数）の概況」より作成。

からである。

少子化に関しては、まさに、平成元年１９８９年の合計特殊出生率（女性１人当たりが産む子ども数）が１・57と戦後最低となり、１９９０年に「１・57ショック」と当時の人口問題研究所（現在、国立社会保障・人口問題研究所）が発表したことで、日本にも少子化時代が訪れたと宣伝された。そして、平成４年の経済企画庁（当時）が、少子社会日本というタイトルがついた『国民生活白書』を出し、「少子化」という言葉が広まる。そして、それ以降多少の上下はあったが、合計特殊出生率は、１・２〜１・５程度で推移している。新型コロナ禍の影響もあり、２０２３年は１・20と戦後最低となった（図表１-８）。

しかし、1989年には、確かに日本の合計特殊出生率は、世界的に低いほうではあったが他の先進国に比べ低くはなかった。ドイツやイタリアは日本より低く、フランスも1・7で、それほど差はなかった。ただ、アメリカは2・0、スウェーデンは一時低下したものの当時は2・0と回復していた。

その後、他の西ヨーロッパ諸国で一時低下した国もあるが、スウェーデンやフランスでは回復に成功し、ドイツも近年回復傾向にある。また、ドイツをはじめヨーロッパの低出生国は一定数の移民（多くは現役世代）を受け入れているので、人口の減少、特に労働力の減少は緩和されている。

一方、現在、韓国や台湾など東アジア諸国では日本を下回る少子化が起きており、高齢化のスピードが日本以上に速まっている（図表1‐9）。韓国では、とうとう2023年の合計特殊出生率が0・72と平時の国としては最低水準となっている。一時、一人っ子政策を行い、強制的に出産を抑制してきた中国でも、一人っ子政策を止めた後も、出生率は低下したままで、日本を下回る水準にある。ただ、中国や韓国の出生率の低下自体は近年生じたものなので、今の所、日本ほどの高齢社会にはなっていない。ただ、このまま日本以上の少子化が進むと、2050年には中国韓国とも日本並みに高齢化が進行すると予測されている。

合計特殊出生率の低迷以上に、近年は出生数の減少が深刻となっている（図表1‐10）。1990年には、約122万人子どもの出生があった。その間、いわゆる団塊ジュニア世代（1

図表1-9　日本の高齢化率の推移（他国との比較）

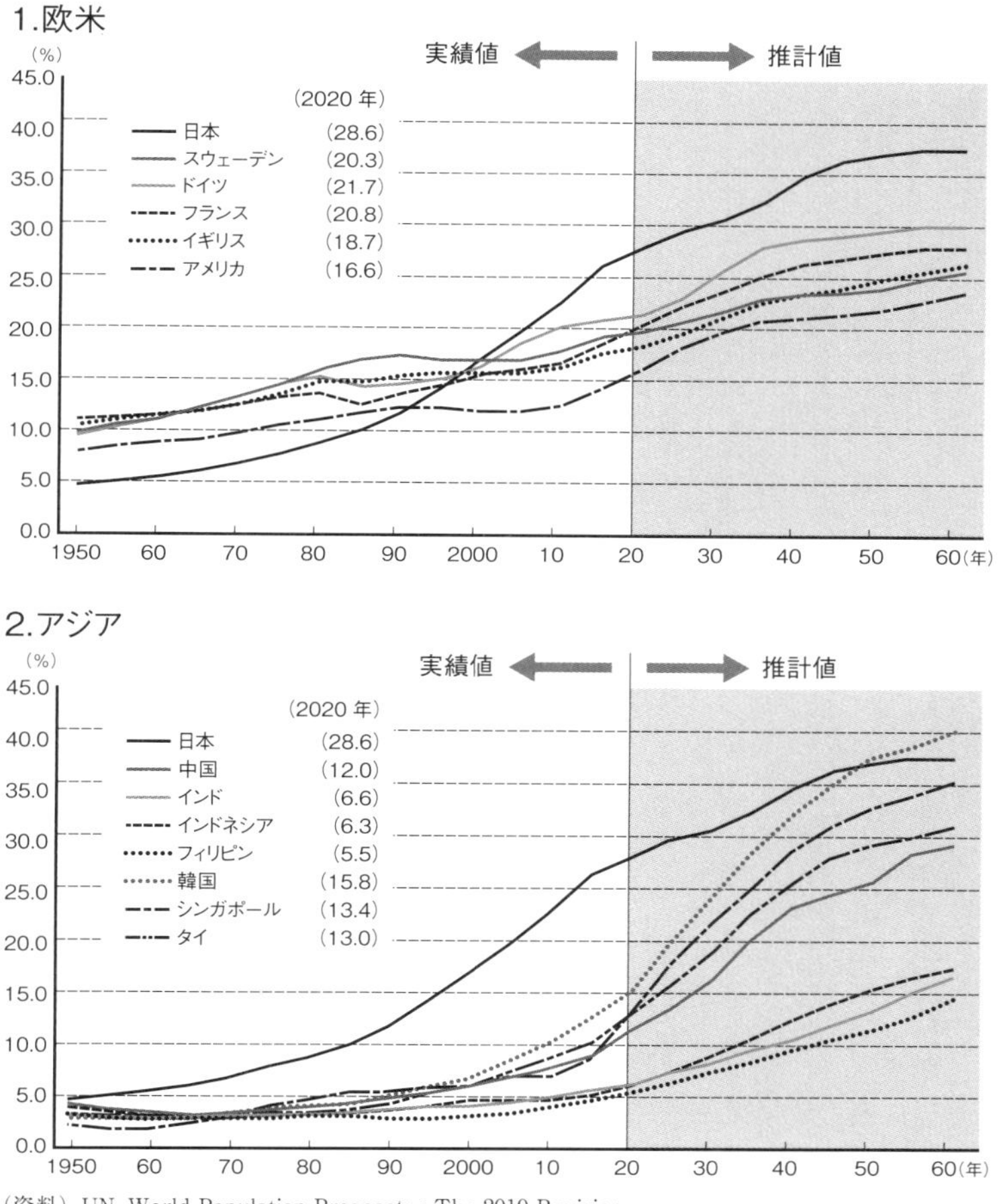

（資料）UN, World Population Prospects : The 2019 Revision
ただし、日本は、2020年までは総務省「国勢調査」、2025年以降は国立社会保障・人口問題研究所「日本の将来推計人口（平成29年推計）」の出生中位・死亡中位仮定による推計結果による。
（出所）内閣府『令和4年版　高齢社会白書（全体版）』。

図表１-10　日本の出生数、合計特殊出生率の時系列推移

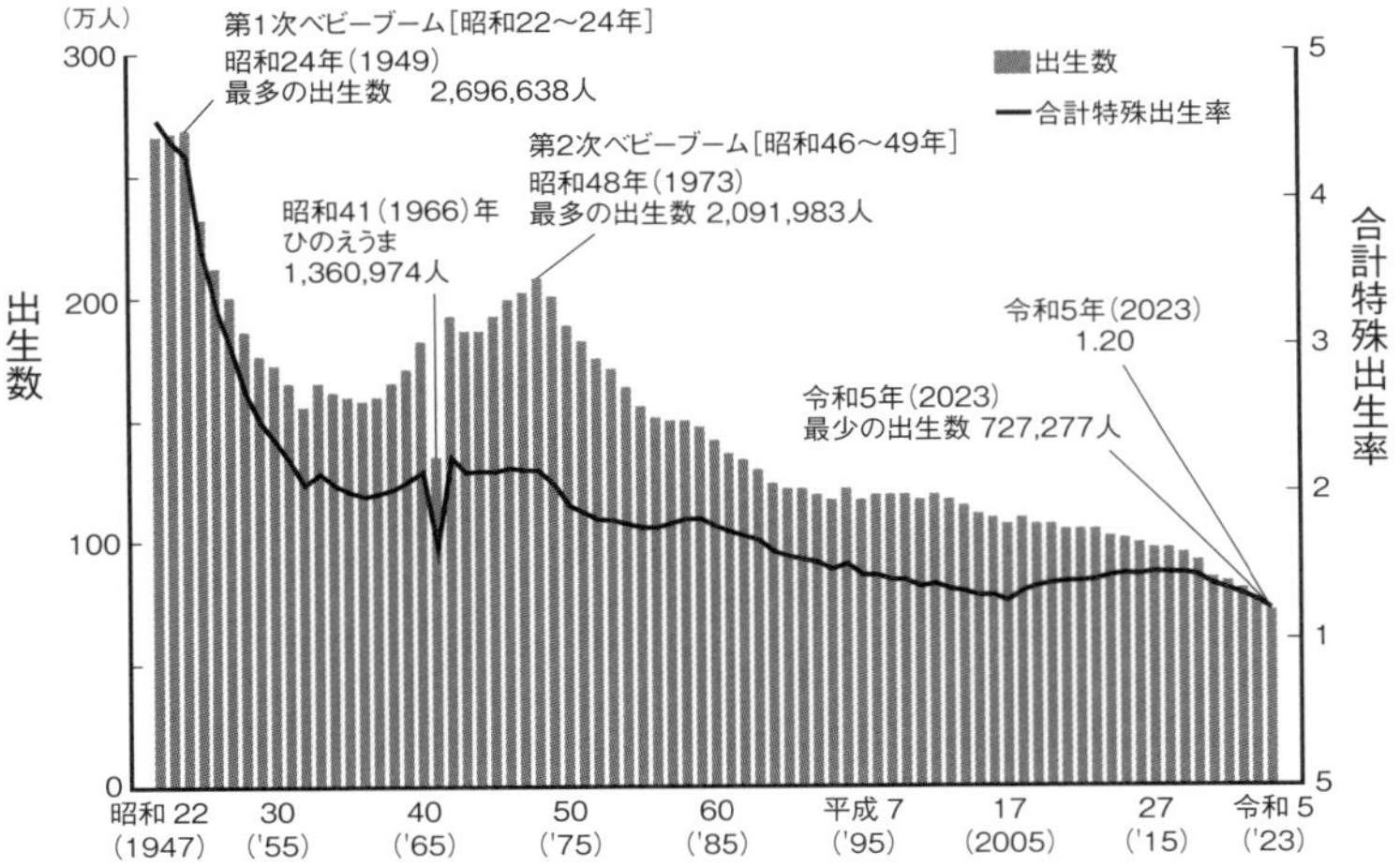

（出所）厚生労働省「令和５年人口動態統計月報年計（概数）の概況」。

９７０－74年生まれ）が出産期に入ったので、一人当たりの出産数は低くても、出生数自体の低下はゆるやかであった。しかし、近年その世代が出産期から徐々に退出する。２０２０年には、団塊ジュニア世代は40代後半になった。それゆえ、出生数は急減し、２０１５年には１００万人となる。そしてコロナ禍の影響もあり、２０２０年は84万人、２０２２年には77万人まで急減した。２０２３年は73万人を下回り、２０２４年は70万人を切るといわれている（本書執筆時）。コロナ禍が終息に向かう中、多少揺り戻しがあるにしろ、そもそも出産期の女性が減少し続けているので、合計特殊出生率が多少回復したところで、今後とも右

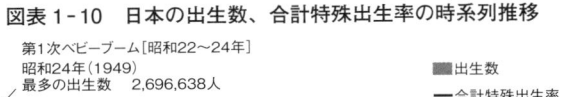

図表1-11　移民比率の国際比較（2020年）

日本	2.2
韓国	3.4
シンガポール	43.1
アメリカ	15.3
フランス	13.1
ドイツ	18.8
イタリア	10.6
スウェーデン	19.9
イギリス	13.8

（注）日本は2023年。
（出所）国連統計より作成。

肩下がりに出生数は減少する見込みである。平成の初頭と令和の初頭では出生数が半分近くまで減っていることになる。

また、日本では、移民の受け入れも公には行っていない。近年、多少増えているにしろ、外国人人口は、2022年でもわずか人口の2・2%に過ぎず、OECD諸国34国中32位で、相当低い方である（図表1-11）。

アメリカやカナダ、オーストラリアはそもそも移民で成り立っている国なので除いても、戦前は移民の送り出し国であった西ヨーロッパ諸国でも、近年移民を多く受け入れるようになった。もちろん、それに伴う文化摩擦の問題は起きているにしろ、欧米は、少子化が深刻であっても、人口が増え続けている国は多い。2020年時点で移民比率は、ドイツ18・8%、アメリカ15・3%、イタリア10・6%となっている。アジアの韓国でさえ3・4%である。

その結果、日本では、2008年前後から人口減少が始まっている。その上、少子高齢化によって、労働力人口の

図表 1-12　総人口の国別比較（1990 年と 2020 年）

（万人）

	1990 年	2020 年
日本	1 億 2,353	1 億 2,626
韓国	4,408	5,186
アメリカ	2 億 534	3 億 394
フランス	5,655	6,590
ドイツ	7,971	8,363
イタリア	5,703	5,991
イギリス	5,736	6,735
インド	8 億 7,328	13 億 9,639
中国	11 億 5,358	14 億 2,610

（出所）GTC 統計。

減少は著しい。中には、人口が減っても労働生産性を上げれば大丈夫だという論者もいる。しかし、日本の労働生産性の上昇率は、この平成時代に、世界最低レベルであることはみてきたとおりである。識者の中には、「伸びしろ」があると表現する人もいるが、では、どのようにしたら伸ばせるかはまったくみえていないのが現状である。

人口が国力に直結する時代ではないとはいえ、人口が減少している上に、労働生産性は他国に比べて高まっていない。それも相まって、世界の中での日本の経済的地位は、平成時代、大きく低下したことは間違いない（図表1-12）。

1_5 格差社会の進行

今述べた平成時代の①〜③のマイナストレンドは、平均値でみたものである。いわば、マクロにみた場合の傾向といってよい。各傾向を「ミクロ」にみていくと、その傾向が様々な領域での格差拡大の結果の現象であることが見て取れる。

□都市と地方の格差が拡大

経営コンサルタントの冨山和彦は、日本ではGの世界、グローバルな経済とLの世界つまりローカルな経済が分離し始めていることを説く（冨山［２０１４］）。経済の停滞といっても、グローバルで勝負せざるを得ない企業、特に自動車産業は、未だ世界のトップクラスにある。世界と競争して生き残るためには、生産性の向上、効率化が不可欠だからである。ゲームやアニメなどエンターテインメント産業や化粧品なども、輸出やインバウンドに支えられ、競争力は未だ高い（これらの企業は女性の活躍度が高いことでも知られている）。

しかし、ローカルな経済の中で展開する企業の多くは、平成時代に大きな変革を行わず、効

図表 1-13　非正規雇用者の増大（平成期）

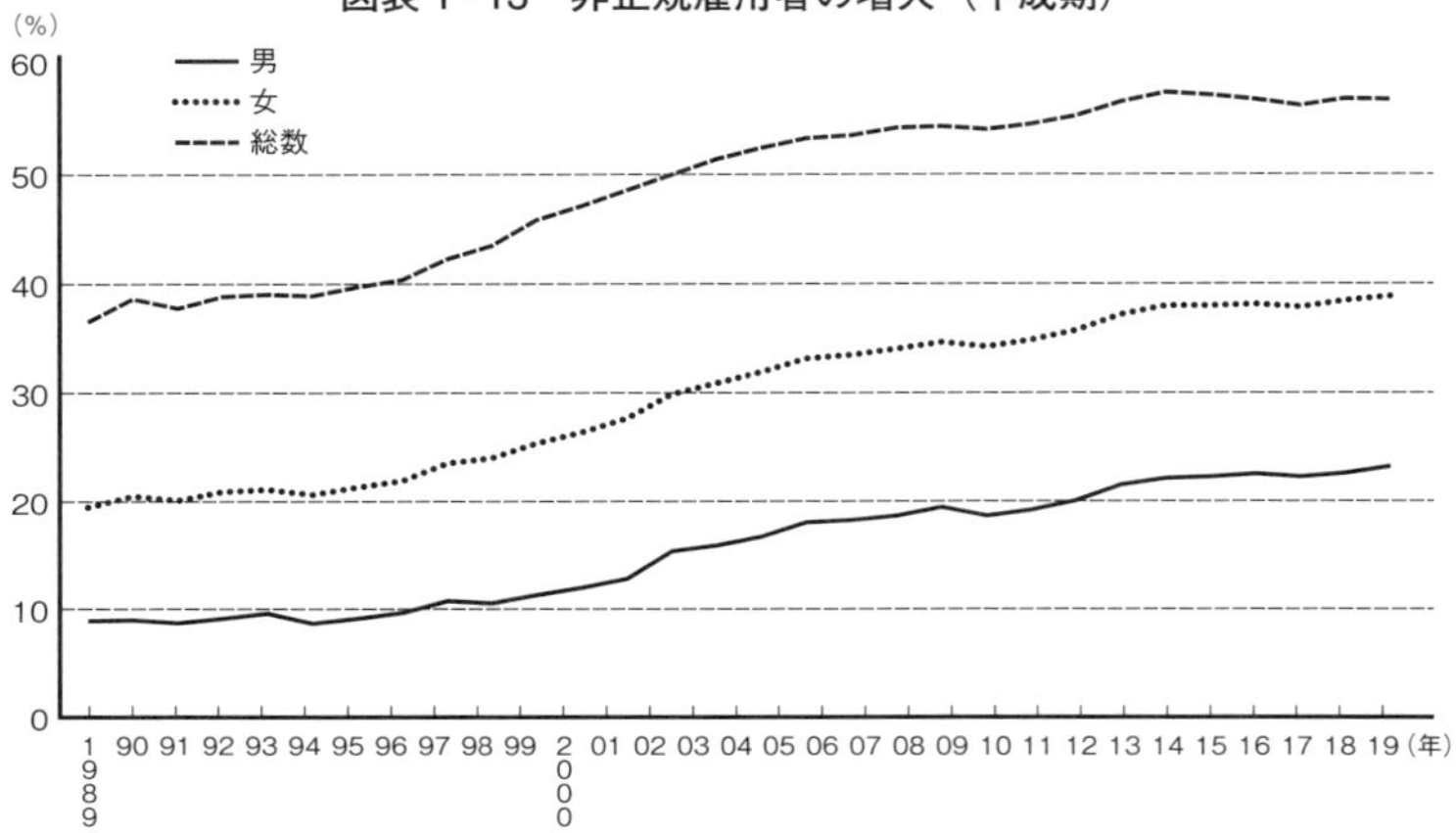

(注)「非正規の職員・従業員」が役員を除く雇用者に占める割合。
(出所) 厚生労働省『令和２年度版　厚生労働白書』より作成。

率化が遅れているものが多い。既得権があるローカル企業が有利なため、正当な競争が起きないので、効率化しなくてもやっていけている企業が多いからである。そして、その結果、生産性の伸びは抑制され、日本経済全体の成長の足を引っ張っているのである（それは、地方で女性の活躍が遅れていることと関係している）。

それだけでなく、本来はグローバルに展開できるはずの金融業などの多くも海外市場から撤退して、国内需要のみに対応した「ローカル企業化」が起きている気がしてならない。日本市場は人口規模がまだ大きいので、それでもある程度の利益を上げながら存続していくことはできるが、日本経済全体の経済成長が見込めないのである。

また、１人当たり給与水準の低迷も、格

差社会の進行の結果である。正社員に限れば、給与は増えているし、大都市部のグローバルな大企業に勤めている人の給与は確実に増えている。それでも、日本全体として給与水準が高くならないのは、非正規雇用者が増大したことによる（図表1‐13）。それにより、正規雇用者と非正規雇用者の従来からあった収入格差が、マクロ的に意味を持つようになったからだ。正規雇用者の給与や非正規雇用者の時給が多少増えても、低収入の非正規雇用者の割合が増えることによって、上昇分が帳消しされてしまうのだ。

生産性に関しても、正社員の生産性が高まっても、教育訓練機会の少ない非正規雇用者の生産性が上がらなければ、こちらも大きな上昇は見込めない。

多くの非正規雇用者は、最低賃金近くで働いている。また、地方の中小企業では、正社員であっても最低賃金近くで雇用されている人も多い。特に、既婚女性はいわゆる扶養の範囲で働く人が多いので、既婚女性の就労が増えたとしても労働力の大きな増大にはつながらない。

その結果、グローバル企業が多く存在し、正社員が多い東京と、それがない地方の経済格差はどんどん広がっている。日本経済の停滞は、まさに、格差社会の結果であるともいえるのだ。

□男女共同参画の停滞と格差拡大

男女共同参画の停滞も、格差拡大と関係している。確かに、昭和末期、1985年成立（施行は１９８６年）の雇用機会均等法によって採用時の差別が法律によって禁止され、平成半ば、１９９９年には男女共同参画基本法も制定された。保育所整備、育児休業制度が整い、平成期を通じて共働き環境は整ってきている。

大都市部の大企業をみれば、確かに、キャリアウーマンとして活躍する女性も目立つようになってきた。また、国家公務員の女性採用率は２０２３年で39・２％。うち、総合職合格者の女性比率は35・７％となっている。また、医師、歯科医師の女性比率も上昇し、２０２３年の医師国家試験合格者女性比率は35％、歯科医師となると46％とほぼ半数近くが女性となった。

しかし、それは、都市部でグローバルに勝負している大企業や公務員、一部の専門職の高学歴女性に限定されているともいえる。

地方の中小企業をみると、その状況は惨憺たるものがある。未だ、慣例として男性は全員正社員、女性の大部分は非正規社員であるような中小企業が多くみられる。その結果、仕事に意欲がある若い女性の地方から大都市への流出が以前より続いている。それが、次の少子高齢化の地域格差にもつながっていく。

つまり、男性並みに仕事で活躍する女性は出現している。しかし、能力はあっても非正規や一般職に留めおかれる女性との格差が広がっているので、その結果が、経済分野での女性活躍の停滞なのだ。

政治に関しても、東京都知事に小池百合子氏が就任したり、大都市自治体の女性議員割合は

図表1-14　女性議員比率：上位県と下位県

上位県

都道府県	議員総数（人）	女性（人）	女性割合（%）
東京都	119	37	31.1
香川県	40	9	22.5
京都府	59	13	22.0
岡山県	55	12	21.8
鹿児島県	51	11	21.6
長野県	57	11	19.3

下位県

都道府県	議員総数（人）	女性（人）	女性割合（%）
愛知県	101	8	7.9
徳島県	38	3	7.9
和歌山県	42	3	7.1
福井県	37	2	5.4
山梨県	37	2	5.4
大分県	43	2	4.7

（出所）内閣府男女共同参画局「都道府県別女性の参画マップ」より作成。

上がっている。2021年末の都道府県でみると、東京都議の女性比率は31%と目標の30%はクリア。京都が22%、神奈川18%。これだけみれば、ヨーロッパには及ばずとも、アメリカ並みの女性議員比率の数字である。特に2023年の地方議会選挙で、杉並区では女性議員比率が50%になったことが、話題になった。
しかし、全国平均は11%、大都市のない県を中心に女性議員1人、2人の県議会が8県もある。第1章3節で述べたように、地方の首長や議員の女性割合は極度に低いままである（図表1－14）。

□少子高齢化の根本原因

少子高齢化に関しても同じことがいえる。まず、合計特殊出生率の低迷だが、これは1人当たり女性が産む平均子ども数の低迷を意味する。ただ、今でも、結婚した夫婦は、従来通り2人子どもを産み育てるのが多数派である。平成期を通じて、結婚した夫婦の平均子ども数はほとんど変化がなかった（多少低下はあるが）。それでも合計特殊出生率が大きく低下しているのは、日本では、未婚での出産がほとんどない。その中で、結婚しない若者が増えれば、合計特殊出生率は下がる。合計特殊出生率は、出産期に当たる年齢の女性が母数であり、ほとんど出産しない独身女性が増えれば、低下する。平均2人子どもを産む結婚する若者と、子どもをほとんど産まない結婚しない若者の格差が、少子化を生み出している。平成期に進行した未婚者の増大が、少子高齢化の根本原因なのだ。

そして、地域でも少子高齢化の進行度合いの格差が広がっている。

よく、東京都の合計特殊出生率が全国でも低いことが問題視される。しかし、実際に生まれる子ども数をみると、平成時代を通じてほとんど減っていないことがわかる。特に、東京23区

図表1-15　都道府県別：出生数比較（2000年と2022年）

	全国	東京（区部）	富山	秋田	山形	高知	沖縄
2000年	119万	100,209（65,224）	8,036	9,007	10,919	6,811	16,773
2022年	77万	92,097（66,137）	4,861	3,992	5,675	3,721	13,594
（減少率）	▲35%	▲8%（+1%）	▲40%	▲56%	▲48%	▲45%	▲19%
合計特殊出生率	1.26	1.04	1.46	1.18	1.32	1.36	1.70

（出所）厚生労働省「人口動態統計」より作成。

の出生数はむしろ増加傾向にあった。一方合計特殊出生率が高い県であっても、出生数は大きく減っている。2000年と2022年の出生数比較の図表1-15をみれば一目瞭然である。

国内の比較に関して、少子化の実態をみる場合、実は「合計特殊出生率」の数字はあまり意味がない。なぜなら、「合計特殊出生率」の分母は、現在その県在住の出産適齢期の女性の人数だからである。地方では、仕事意識が高いやる気のある若い女性は、地元での女性差別環境を嫌い、進学、就職により大都市に流出する。その結果、地元に残った女子1人当たりの出生率は高くなるが、地元に残る若い女性が減少しているので、出産数は減少する。合計特殊出生率が最も高い沖縄でも、出生数が減少しているのはそのせいである。一方東京では、女性差別慣行がまだ少ないので、進学、就職で適齢期の女性が流入する。近年は、育休制度や保育所整備が進み、都

図表 1-16　東京と地方の人口の推移

都道府県	2000 年	2005 年	2010 年	2015 年	2020 年
東京都	12,064,101	12,576,601	13,159,388	13,515,271	14,047,594
秋田県	1,189,279	1,145,501	1,085,997	1,023,119	959,502
山形県	1,244,147	1,216,181	1,168,924	1,123,891	1,068,027
富山県	1,120,851	1,111,729	1,093,247	1,066,328	1,034,814
島根県	761,503	742,223	717,397	694,352	671,126
高知県	813,949	796,292	764,456	728,276	691,527

（出所）総務省「令和 2（2020）年国勢調査」より作成。

図表 1-17　地方から東京圏への若年女性の転入超過

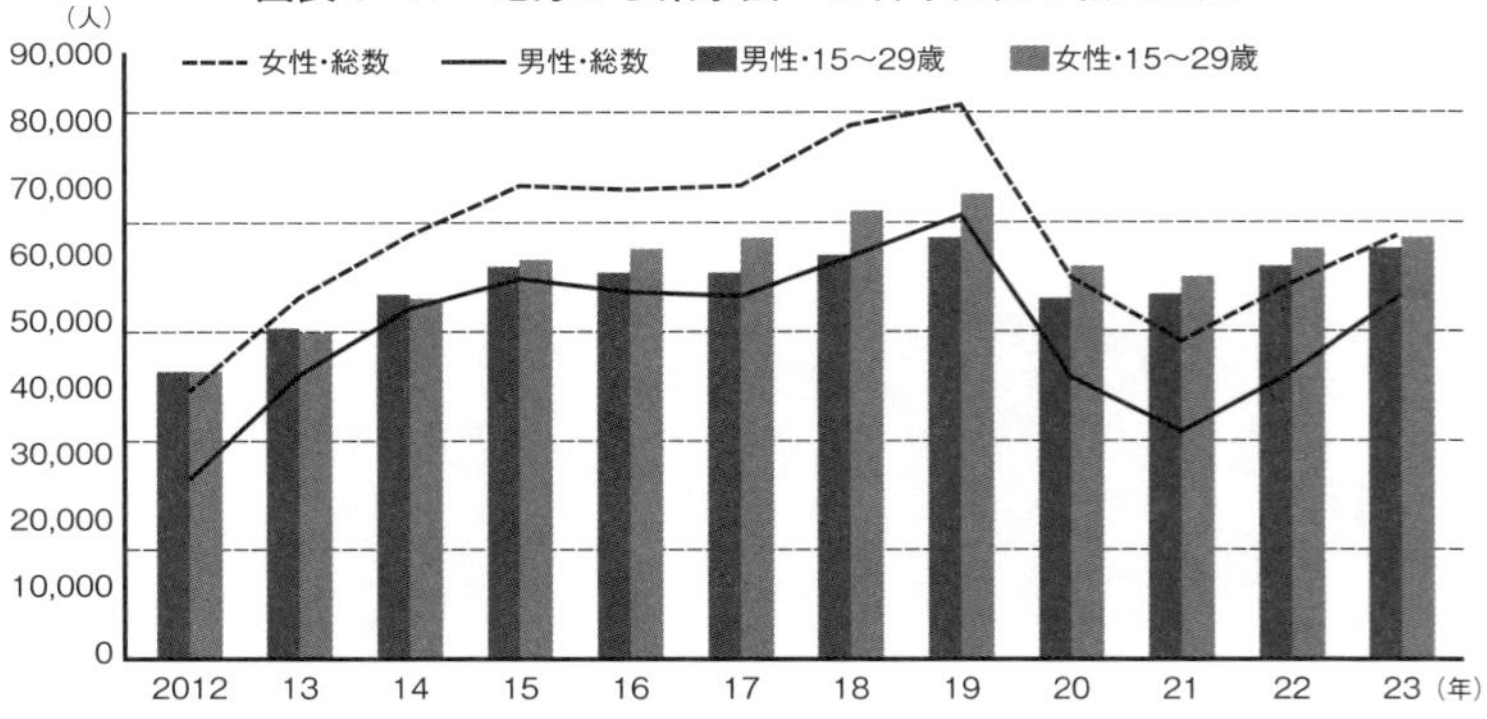

（備考）1. 総務省「住民基本台帳人口移動報告」により作成。
2. 東京圏は、東京都、神奈川県、埼玉県、千葉県の 1 都 3 県。
3. 2013 年までは日本人のみ。2014 年以降は日本人及び外国人。
4. 2023 年は 1 ～ 9 月の累積値。

（出所）内閣府『地域の経済 2023』。

会でキャリアを追求しながら、結婚し、出産、子育てをする（図表1-16）。
その結果、人口減少も、東京など大都市部と地方の格差が大きくなっている。東京圏では、若い女性が地方から流入する上に出生も多いので、高齢化は緩和される（図表1-17）。しかし、地方、特に大都市のない地方では、出生数の減少が著しい上に、産まれた育った子どもも、進学や就職で都会に去る人が多い。育つと都会に去って行く。少子高齢化がレバレッジがかかって進行する。

□格差が固定される時代へ

詳しくは第4章でみていくが、ここで平成時代の格差社会の進行をおおざっぱにまとめておく。

戦後から昭和にかけての時期は、経済成長の中で、格差縮小から中流化の時代といえるだろう。経済成長の成果は、大都市だけでなく地方にも行き渡った。そして、ほとんどの若者が結婚し子どもを持つという落合恵美子がいう「再生産の平等」が達成された（落合［1994］）。

そして、バブル経済の最中に始まった平成期は、様々な意味で格差が顕在化、拡大した時代であった。

昭和末期、バブル経済華やかなりし頃は、「富裕層」と「中流層」の格差が問題というより、話題になった。「マル金」「マルビ」という言葉が流行語となり（ホイチョイ・プロダクション『金魂巻』）、リッチな生活をする富裕層に注目が集まり、あこがれの的となった。いわゆるブランドブームが起きたのもこの頃である。まるビ（貧乏生活の人々）といっても、貧困というよりも、富裕層の生活に比べれば質が落ちるといった程度の生活を意味していた。つまり、今から思えば、「富裕層」と「中流層」の格差が強調されたのである。そして、中流層もいずれは富裕層になれるのでは、という期待を持っていたのも特徴である。

しかし、バブル経済が崩壊し、平成時代が進むとともに、いつのまにか、日本社会では富裕層へのあこがれが消えてしまったようにみえる。その代わりに出てきたのが、「貧困層」への関心である。それは、「自分が貧困になってしまうかもしれない」という不安の広がりの反映でもある。

実際に、平成時代に日本の相対的貧困率は上昇傾向が続き、生活保護世帯数も上昇した。佐藤俊樹の『不平等社会日本——さよなら総中流』が出たのがちょうど2000年。そして、拙書『希望格差社会』が出たのが、2004年、そして、2005年には、三浦展の『下流社会』がベストセラーになり、経済学でも2006年に橘木俊詔の『格差社会——何が問題なのか』が出版される。

その背景には、グローバル化が進み、経済の構造転換により、雇用の面で格差が拡大しつつある現実。それに加え、経済格差の拡大に伴って、家族形成・維持の側面で格差が生じる。つまり、従来のように結婚して子どもを持ち離婚しない（家族形成・維持できる）人々とそれができない人（未婚者、離別者）に分かれていく。そして、親の経済格差が教育格差にもつながり、世代間格差をもたらすというプロセスが生じていった。

経済学者のピケティが詳細に論じたように、１９８０年代以降の収入上の格差拡大はどの先進国にも広がる世界的な現象である（ピケティ［２０１４］『21世紀の資本』）。しかし、日本社会では、それが独特の形で進行したと考えている。これが、人々の意識に大きな影響を与えている。

1_6

平成時代に起きたポジティブなトレンド

ここまで、平成時代の日本社会に起きたネガティブなトレンドばかり指摘してきたが、もちろん、平成時代にポジティブなトレンドも進行した。その代表的なものを2つあげると、①日本がより安全で安心できる社会になったこと、そして、②日本がマイノリティや犯罪の被害者までに優しく生きやすい社会になりつつあるということである。

図表1-18　交通事故死者数の推移

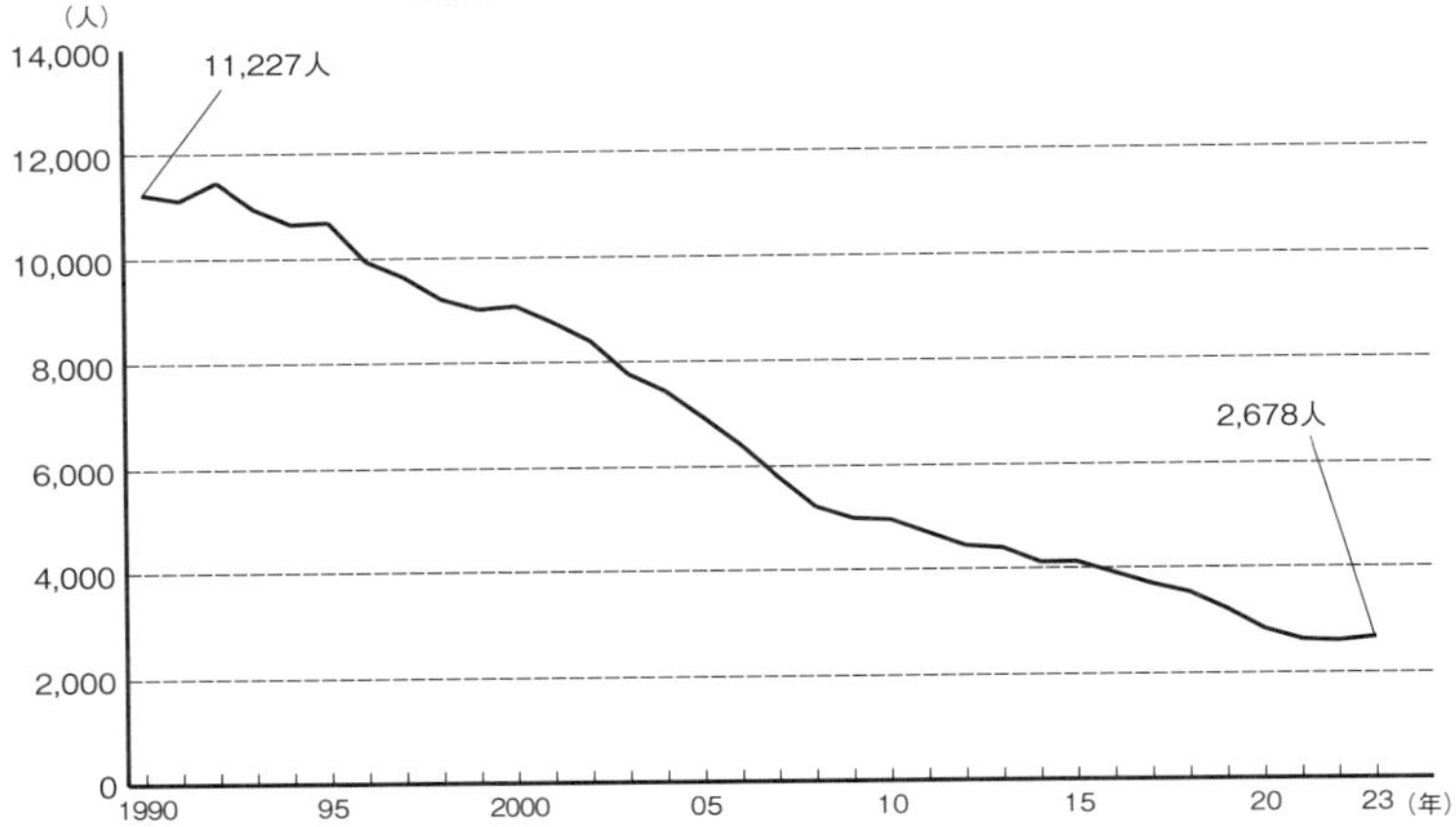

(出所)警察庁「道路の交通に関する統計」より作成。

□より安全で安心できる社会へ

平成時代、劇的に改善した指標は、「交通事故死」である(図表1‐18、図表1‐19)。1990年(平成2年)には、交通事故で年間1万1227人が亡くなっている。平成に入ってから大きく減少に転じ、2020年には2839人と4分の1まで減っている。もちろん、2020年はコロナ禍の外出自粛という影響はあるにしろ、ここ30年で大きく減っていることは間違いない。

また、凶悪犯罪も減少している。殺人事件は、1954年(昭和29年)に年間3081件と戦後のピークをつけたが、昭和後期には減少に転じ、2002年頃まで1200~1400件で推移、平成後半の20

図表1-19　人口比交通事故死者数（10万人当たり、国別比較）

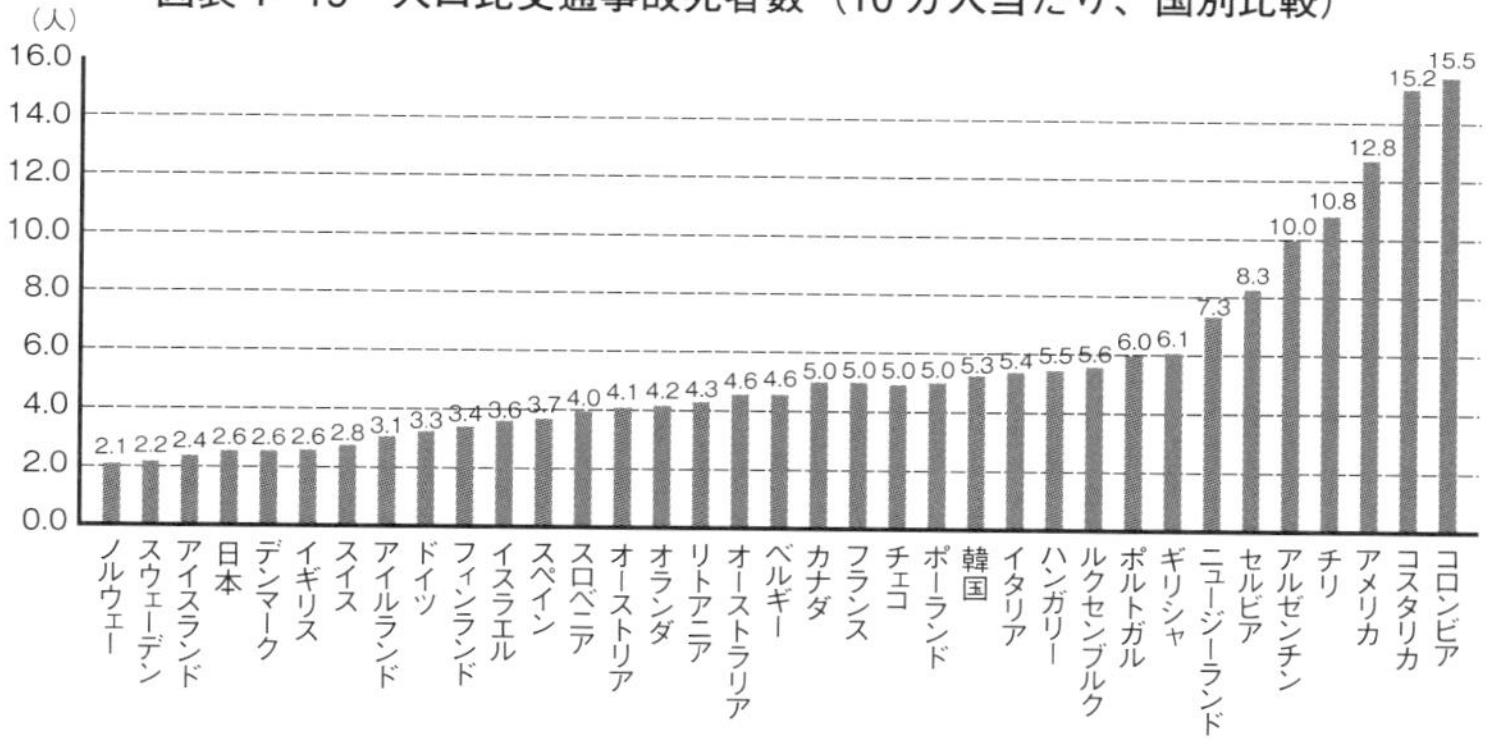

（注）1. IRTAD資料による。
2. 死者数の定義は事故発生後30日以内の死者である。
3. IRTADがデータを有する35か国の人口10万人当たりの交通事故死者数を左から小さい順に記載。
4. オランダは、実際のデータ（警察から報告された交通事故死者数ではなく実際の交通事故死者数）を掲載。
（出所）内閣府「（参考）第1回人口10万人当たりの交通事故死者数（2022年）」『令和6年版交通安全白書』。

０４年頃から再び減少に転じ、２０１８年（平成30年）には９１５件となっている（23年には９１２件）。特に少年の凶悪犯罪は、年少人口減少の影響もあるが、大きく減少している。

　何か印象的な事件が起こるたびに大きく報道されるため、凶悪事件数は減っていないようにみえるが、現実には平成時代には犯罪は減少基調であり、日本はより安全な社会となっている。これは、世界的にみても、主要国の中では、相当低い水準である（ただ、コロナ禍後、令和に入り、犯罪が増えている傾向がみられ、今後注意が必要である）。

　もともと世界的にみて犯罪率は低

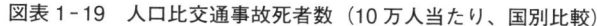

かった上、平成時代に、犯罪は減少傾向にあり、交通マナーも向上し交通事故死も少なくなった。生活していて、より安全で安心した社会へ向かっているのである。それで諸外国と比較して、物価が安くなっていけば、２０２１年「観光競争力№.１」に選ばれるのも頷ける（図表１-20、図表１-21）。

ただ、懸念すべきこともある。少年が社会的にみれば非暴力的になっているのは事実である。昭和後期、特に１９８０年頃の学校問題といえば、校内暴力であった。中学では、一部の生徒が暴徒化し、卒業式にお礼参りと称して先生が襲われる事件が起きた。暴走族も問題になった。年配の方は、当時の若者がオートバイで徒党を組み夜爆音を流して騒ぐ様子を見た方も多いだろう（もちろん、実際にしていた方も）。

しかし、令和になった今、学校で教師や親の悩みといえば、不登校、ひきこもりである。学校になじめない生徒は、昭和時代には外に向かって発散していた。平成になると、内側に向かい、個々に家庭の中にひきこもる人が増える。これも、平成を通じた変化の一側面である。また、いじめ、それに伴う子どもの自殺も増えていて、陰湿化しているのも事実である。

さらに、令和になってから、様々な凶悪犯罪事件が報道されるようになっている。これは、平成時代の犯罪減少傾向が反転しているのかどうか、注意してみていかなければならない点である。これは、格差社会の定着がもたらした問題の可能性もあるので、最後の章で論じたい。

図表 1-20　殺人事件件数の推移

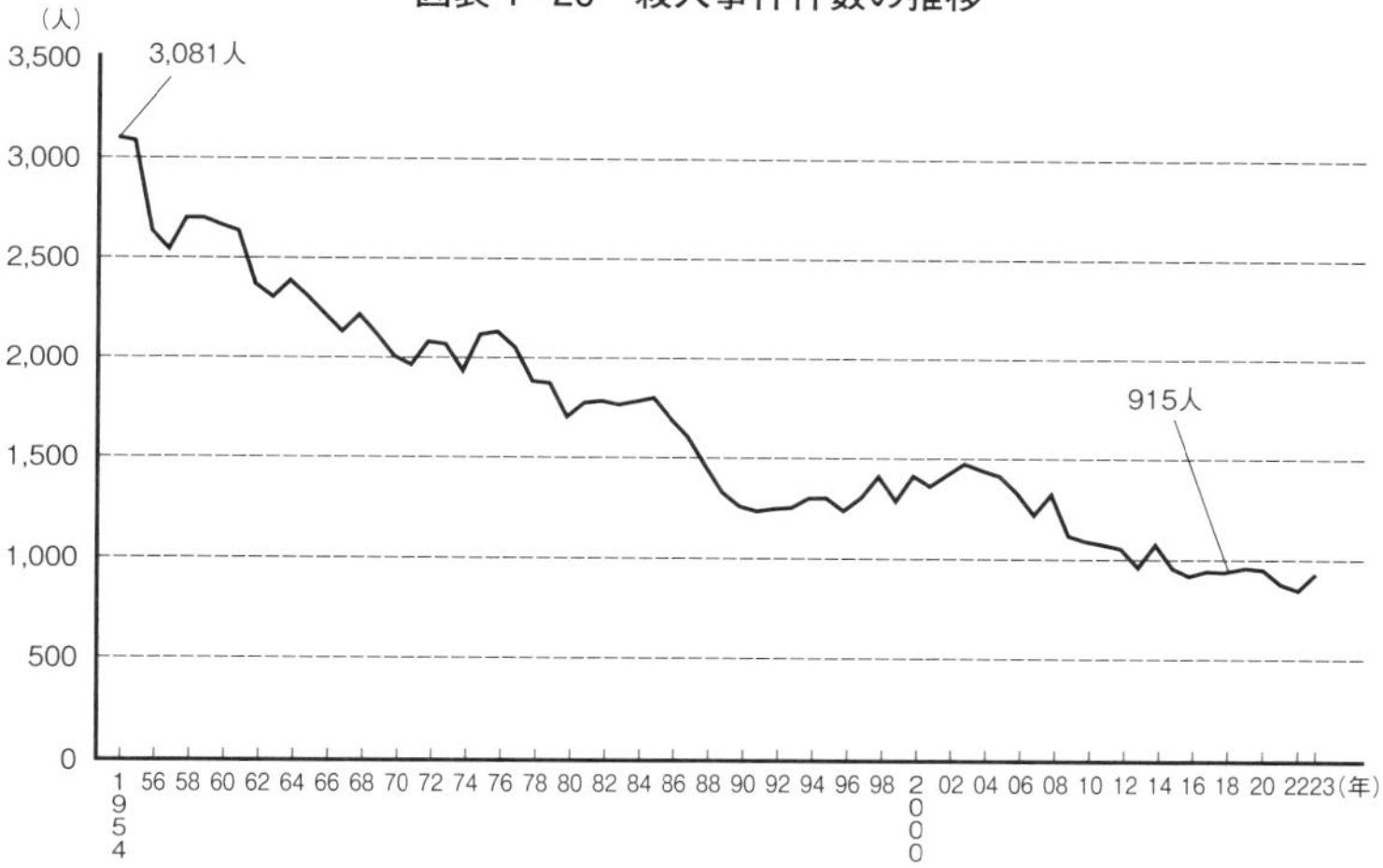

（出所）法務省『令和 5 年版　犯罪白書』より作成。

図表 1-21　人口比殺人事件件数：国別比較（2023 年）

シンガポール	0.12
日本	0.23
中国	0.50
韓国	0.50
ドイツ	0.82
イギリス	1.13
フランス	1.27
カナダ	2.27
アメリカ	6.38
ロシア	6.80
南アフリカ	45.53

（注）人口 10 万人当たり、殺人事件件数。日本は 156 カ国中 148 位。
（出所）USODC.

□マイノリティへの理解の拡大——障がい者からLGBTQまで優しい社会へ

続いて平成時代に進行したポジティブなトレンドは、マイノリティに配慮し、社会的弱者に優しい社会に動いていることである。

もちろん、男女共同参画と同じように、諸外国に比べればまだ遅れているところも多い。例えば、選択的夫婦別姓（ほとんどの国では夫婦の姓を自由に選ぶことができる）や同性結婚（欧米の多くの国で可能）の実現はまだ先の話になりそうである。ただ、全体としてみれば、よい方向に動いている。

ちょうど、１９８９年（平成元年）に、「セクハラ」という言葉が流行語になり、流行語大賞を受賞した（２０１８年12月、平成最後年の流行語大賞として、「#MeToo運動」が受賞したのも象徴的である）。もちろん、それ以前にセクハラに相当するものがなかったわけではない。というよりも、むしろセクハラ（性的ないやがらせ、性的なものを対価に求める言動、職場などでの性的発言）はかなり公然と行われていた。性的なうわさをたてられ、退職に追い込まれた被害者が裁判を起こしたのがまさに平成元年（１９８９年）、全面勝訴したのは１９９２年のことである。この頃からやっとセクハラが不法行為であるという認識が広まり、現在に至っている。

そして、パワハラやＤＶ（ドメスティック・バイオレンス）、ストーカーなどが次々に問題として認知されるようになり、防止するための法制度が整えられ、政策課題になっている。こちらも、セクハラと同じで、昭和時代になかったというよりも、プライベートな場であったとしても、権力など優位な立場を利用した人権侵害を許さないという風潮が平成を通じて出来上がりつつあることは評価されてよい。

また、障がい者や性的マイノリティに対する偏見が徐々に薄れていき、共生社会の機運が高まる流れも平成時代に定着した。

昭和までは、障がい者差別、性的マイノリティ差別がオープンに語られることも多かった。テレビや雑誌などのエンターテインメントの中では、例えば「おかま」など、明らかに性的マイノリティを揶揄する表現がまかり通っていた。今でも、そのような発言が公になされることはあるが、逆に、失言として非難の対象になるようになった。テレビドラマなどでも、恋愛ドラマ自体がバブル期に比べ減っている中で、性的マイノリティの恋愛模様を描くものも増えている。

障がい者のスポーツ大会は、昭和の時期でも存在していたが、国際パラリンピック協会が設立されたのが平成元年の1989年であり、前年のソウル大会からオリンピックの同一年開催となり、注目を浴びるようになった。そして、現在ではオリンピックと並びテレビ放映も盛んになされるようになった。つまり、健常者スポーツと同じように、障がい者スポーツで競うことができると同時に、それらを楽しんでみる観客が増えている証である。昭和の時代の状況を知るものにとっては、とても考えられない進歩である。

差別撤廃はまだまだ不十分であるとはいえ、少なくともマイノリティが生活しやすい社会に徐々に向かっていることは確かであろう。このような流れを定着、促進していくことがこれからも必要であることはいうまでもない。

□生活満足度の上昇

平成を通じて日本経済は成長せず、収入は伸びず、結婚したくてもできない人が増え、格差が広がり、貧困率も上昇している。

それにもかかわらず、驚くべきことに、平成時代は「生活満足度」が上昇した時代だった。私が『希望格差社会』を出版した2004年で指摘したのは、若者の生活満足度の上昇である。令和が始まって平成を振り返ると、様々な調査で生活満足度の上昇がみられることが知られるようになった（図表1‐22）。

例えば、NHK放送文化研究所は、1973年から5年ごとに意識調査を行っている。そこで、「衣食住」「生きがい」「地域の生活環境」「人間関係」について満足度を聞いているが、いずれの項目の満足度も一貫して上昇している。

4つの側面のすべてに満足していると回答した人は、バブル経済の真っ最中の1988年に

図表1-22　生活満足度の上昇

NHK 放送文化研究所 日本人の意識調査
①衣食住、②生きがい、③地域の生活環境、④人間関係　すべてに満足していると答えた人の割合（%）

調査年	1973	1978	1983	1988	1993	1998	2003	2008	2013	2018
満足割合	26	34	35	36	38	37	40	43	49	55

（出所）『現代日本人の意識構造　第9版』NHK 出版。

は、36%だったのが、コロナ禍前、2018年には55%となっており、特に、若年、中年層で高くなっている。

この謎を説くことが本書の1つの目的である。

第2章

世界経済の構造転換と「4つの負のトレンド」の発生

2_1 負のトレンドの相互関連

第1章で述べた平成日本の4つの負のトレンドは、相互に関係し合っている。ただ、その因果関係は複雑に絡み合っている。

女性活躍の遅れが経済停滞をもたらしているとよくいわれている。世界的にみても、先進国に限れば、女性活躍が進んでいる国の経済成長率は高い。例えば、日本では、高学歴の既婚女性ほど仕事に就いていない。仕事に就いている女性は男性に比べ非正規雇用に就いている割合が高い。つまり、多くの女性は、そもそも仕事能力を発揮しにくい環境に置かれているのである。その間、諸外国では女性活躍はもちろん、外国人や性的マイノリティ雇用などダイバーシティが進み、生産性が上がったと考えられる。これは、国内外で、女性が活躍している企業ほど利益が伸びているという調査結果がでていることからもわかる（図表2－1）。

また、経済停滞と経済格差拡大は男女共同参画の停滞と相まって、未婚化、少子化に直結する。日本では男性が家計を支えるという意識がいまだ強く残っている。それも、女性が活躍する環境が整っていないことの一因でもある。女性が収入を高める道が狭いとなれば、結婚後男性の収入に頼らざるを得ないという側面がある。その結果、収入が少ない男性の結婚が難しく

図表2-1　女性が活躍している企業ほど利益が出ているという調査

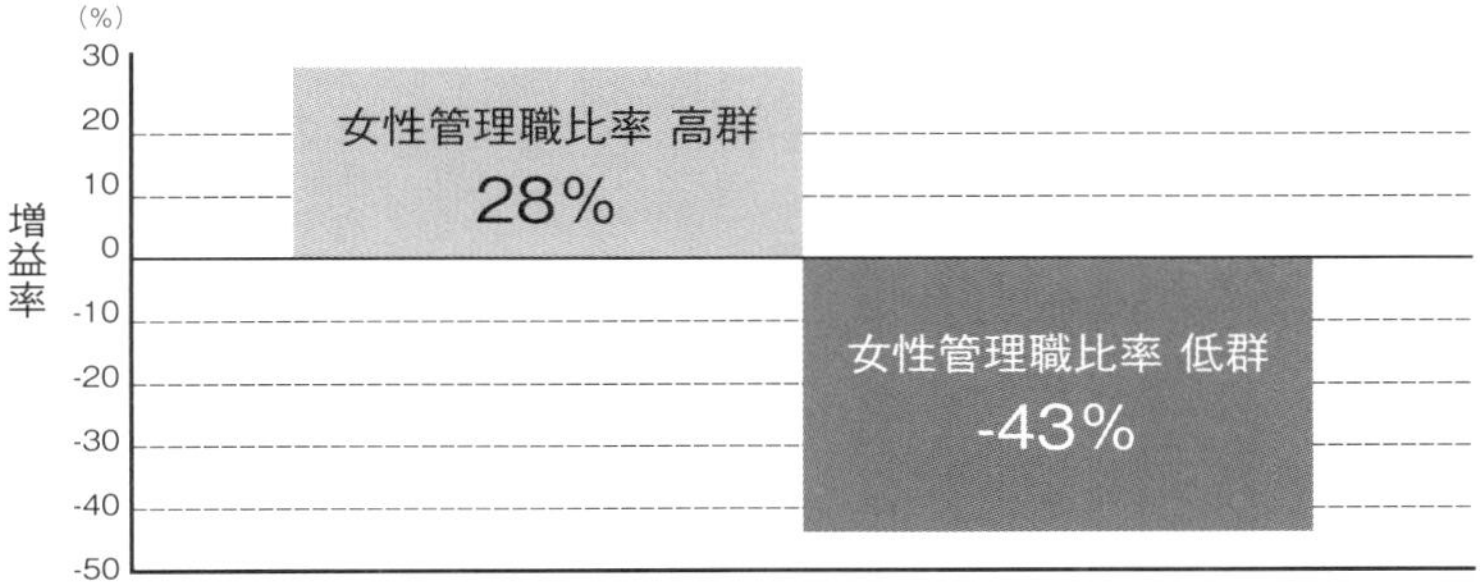

(注) 5年前時点の女性管理職比率と増益率の関係。
(出所) 日経xwoman、2021年9月3日。

なり、結果的に未婚化、少子化を引き起こす。それは、結婚している人としていない人の格差として現れる。そして、それは、第1章で述べたように、比較的男女共同参画が進んでいる東京都23区では、出生数はほとんど減っていないのに対し、男女差別の風土が残る地方では、出生数が減っているということでもわかる。つまり、地方で女性が差別され、能力が発揮しにくいという状況が、女性の地方からの脱出を生んでいる。誰が、差別されながら働き続けたいなどと思うだろうか。

そして、少子高齢化は、経済の足を引っ張る。お金を使う若い人が減少し、将来リスクのために貯金をなかなか使わない高齢者が増大する。そして、未婚者は親と同居する人が日本では多い。私が「パラサイト・シングル」と名付けたように、基本的生活を親に依存しているので、結婚して別世帯を構えたり、親と別居したひとり暮らしに比べれば基本的な消費は少なくなる。つまり、内需が増えない。これは、私が1999年の著書『パラサイト・シングルの時代』で既に指摘したところでもある。

もちろん、すべての要素に一般的な因果関係があるわけではない。世界をみてみると、経済成長が著しく女性活躍が日本よりはるかに進んでいるシンガポールや香港、台湾では、日本以上の少子化に直面している（ただ、若い女性の移民が多いために、出生率が見かけ上低くなっているという点も考慮しなくてはならない）。また、格差拡大といっても国によって様々なタイプの格差があるので、一概に格差が経済停滞の原因ともいえない。ただ、日本においては、この4つの傾向は相互に関連し合って、日本社会の停滞状況を作り出していると考えられる。

2_2 戦後、昭和期にうまく機能した社会システム

これらの負のトレンドが平成時代に進行したのは、戦後、高度成長期に形成、バブル期までに確立した日本社会のシステム、特に経済や家族に関する「制度、慣行、意識」への固執にあると私は考えている。

戦後確立した経済、家族のシステムは、戦後から昭和時代にかけてはたいへんうまく機能し

た。だから、「ジャパン・アズ・ナンバーワン」といわれるくらいの経済成長を果たしたのである。しかし、平成以降、グローバル化の中で、経済社会のあり方が大きく変化し、昭和のシステムが一種の機能不全を起こした結果、第1章で述べたようなマイナスのトレンドを生み出したと考えている。

その戦後社会システムの中心にあるのは、仕事における「日本的労働慣行」そして家族における「性別役割分業型家族」である。その2つを前提とした上で、日本の社会保障など様々な制度ができている。また、個人の意識もこの2つのシステムが存在することを当然のこととみなし、個人の行動戦略もそれを前提に構築されている。人生において、主要な二大領域といえる仕事と家族のモデルが「昭和型」から脱却できていないことが、日本社会の停滞をもたらす主たる要因だと考えている。

□近代におけるイエ制度

戦後社会の検討に入る前に、近代日本社会の流れをおおまかに振り返ってみよう。

明治維新（1868年）後、日本は近代社会へ舵を切ったとはいえ、戦前までの日本社会は、基本的に農業を中心とした自営業社会であった。そして、多くの自営業は、その規模に差はある（農業なら地主から小作まで）とはいえ、家業として原則、家族で営まれていた。

自営業社会に見合った家族制度がいわゆる「イエ」制度である。長子（長男、長男がいない場合は長女に婿を取らせる）にイエを引き継がせ、農地や商売の規模を維持するため、分割せずに、家業を存続させることが目的であった。家業を継げない次男・三男は、結婚しないまま家に残るか、婿養子になるか、工場や鉱山などに働きに出て労働者となることが多かった。

女性は、自分の父親と似た職業の男性と結婚し、そこの家業——多くは農業——に従事した（男兄弟がいない跡継ぎ娘であれば婿を取ることもよく行われた）。家事やケア労働だけではなく、生産労働にも携わっていたのである。多くの庶民では、結婚前の女子は富裕層の家の奉公などに出されたり、『女工哀史』でみられるように、繊維産業など軽工業の労働者として働き、日本の初期工業化を支えていた。

そして、家業としてのイエは、人々の社会保障を担っていた。働けなくなった高齢者の面倒をみたり、生涯未婚者や離婚して実家に戻ってきた母子、都会で失業した次男以下の人たちなどを家業の手伝いをさせながらやはり面倒をみていったりした。戦前の日本の社会制度は、家業を代々継続させることを前提に組み立てられていた。

□戦後の日本的労働慣行

戦後、バブル経済期までの日本社会は「経済成長」社会であり、高度に「工業社会」に適応したシステムを作り出した。近代社会では、まず、工業化によって、経済は成長・発展（経済学者・ロストウの言葉では「離陸」）する。製造業で、工場では男性が長時間労働をして製品を作り、会社では男性が製品を企画し、工場で製造された「モノ」を営業して、日本だけでなく、世界中に売りまくった。当時は、生活を豊かにする「工業製品」に対する需要が強く、作った製品は羽がはえたように、国内、国外で売れまくった。

その結果、男性は、望めば誰でも「会社員」つまりサラリーマンになることができた。女性は望めば、サラリーマン男性と結婚して、家事、育児を担う主婦になることができた。男性は正規雇用で収入が安定して上昇し、その結果、家庭の生活水準も併せて向上する。

その時期に、日本的労働慣行が確立し、性別役割分業型家族が普及し、それに対応した社会保障など様々な制度が作られた。その結果、日本社会は大成功を収め、世界の中で経済大国になることができた。それは、豊かな社会であると同時に、経済格差が小さく、ほとんどの人が結婚して家族を形成でき、中流生活を送ることができる状況を作り出した。

具体的にいえば、日本的労働慣行とは、新卒一括採用、男性の終身雇用、年功序列賃金、企業内トレーニング、企業内福祉、その結果としての職場での女性差別、非正規雇用差別などからなる（濱口桂一郎［2015］『働く女子の運命』参照）。学卒と同時に会社の正社員（正規公務員も同様）になったら、男性であれば、原則その雇用は定年まで保証され、仕事の訓練も企業内で行い、年齢を重ねるに従い地位が上がり、収入が増大するというシステムである。近年では、これを海外で一般的な「ジョブ型雇用」に対して、「メンバーシップ型雇用」といわれることも多くなってきた。つまり、一度会社のメンバーとなれば、そのメンバーとしての地位は定年まで安泰で、その特権を享受できるというものである。逆にいえば、メンバーでなければ、昇進もしにくければ、雇用も保障されない。まさに森岡孝二のいうところの「雇用身分社会」（森岡［2015］）である。

これは、男性正規雇用者を守るシステムであるといってよい。男性であれば、望めば学卒後、新卒一括正社員になることが容易で、年功序列で地位が上がる。それを裏返していえば、女性はもちろんのこと、男性であっても中途採用者、外国人、そして、非正規雇用者をメンバーシップから排除するシステムである。それを、「男性は妻子を養う責任がある」という言い訳で存続させてきたのだ。

女性は正社員であっても年功序列システムから外れる場合がほとんどで、結婚すると退職する慣行がある企業も多かった。雇用機会均等法前は結婚退社が規則として存在している企業もあったくらいである。たとえ、独身を続けても、男性とは別の給与体系が適用され、昇進は希であった。雇用機会均等法以後も、後に、一般職と名を変えて差別的取り扱いが続くことになる。それは、学歴にかかわらず適用された（私の大学の同級生だった女性、つまりは、東京大学卒女性が、ある大手の研究所に就職したときに、大卒男性は全員「研究員」として採用されたのに、女性は同じ大卒であるにもかかわらず全員「研究員補助」としてしか採用されず、仕事も簡単なものしか回されなかったそうである。彼女は、ほどなくして退職した。このような差別が正々堂々と行われていたのである）。

私的領域で、高度成長期に形成された制度は「性別役割分業型家族」である。それは、日本的雇用慣行で守られた男性正規雇用者と主に家事・子育てを担う主婦が組み合わさった家族である。「男は仕事、女は家事」という慣行は、伝統的と思われるかもしれないが、先にみたとおり、戦前までの農家など家業が主流の小規模自営業社会では、ほとんどの女性が生産労働（農家では主に農作業）に従事していた。

戦後、男性のサラリーマンとしての雇用体制が確立すると、女性が生産労働から切り離され、「主婦化」が起きる（落合恵美子［1994］『21世紀家族へ』）。家を離れて長時間労働する夫に経済的に扶養されながら、家事や育児を一手に引き受ける専業主婦が誕生する。戦前でもごく一部の男性、官僚や軍将校、上級会社員などの妻は、生産労働に従事しない「主婦」であったが、それが一般庶民にまで広がるのが戦後昭和の社会なのである。

2_3 戦後社会がもたらした「幸せの形」

「日本型雇用システム」と「性別役割分業型家族」が形成されるにしたがって、そのシステムが未来永劫というのは極端にしても、自分が生きているうちは続くことを前提として、個人の意識、価値観が形成された。同時に、政府は、このシステムを前提として社会制度、特に社会保障制度を作っていったのである。

個人の側に広がったのが、この2つのシステムを前提とした「幸せな家族生活」という価値意識であり、政府が行ってきたのがこの2つのシステムを守るための社会政策なのである。順に解説していこう。

□豊かな家族生活を築くという希望

敗戦によって、「家」の存続が最優先といった戦前的な価値観が壊れ始める。そこに、入ってきたのが、「豊かな家族生活を築くこと＝幸せ」という価値意識である。いわば、幸せを実感するための人生の目標といってよい。男性は、正規雇用者となり結婚して家族のために仕事

図表2-2　戦後─昭和期の社会システム

労働システム	日本型雇用システム
家族システム	性別役割分業型家族
人々の意識	性別役割分業で豊かな生活を築くことが幸せという価値観
社会（保障）制度	日本型雇用システム、性別役割分業型家族を守る制度

（出所）著者作成。

を頑張り、年功序列で昇進し、家庭に相当の収入をもたらす。そして、女性は正規雇用者と結婚して主婦になり家事、子育てを頑張る。「豊かな生活」の中身は、持ち家や自家用車、家電製品が揃い、子どもが大学まで進学できる生活を作り出すことができる。老後は、男性は管理職で引退し、十分な年金で持ち家で趣味を楽しみながら悠々暮らし、女性は夫が亡くなった後も遺族年金があるから安心してゆとりある生活が送れる。最後は、子どもたちに感謝されながら亡くなる。そのようなライフコースを経験することが人生の目標となり、そして、戦後から昭和期に成人した人々は、多くがその夢を現実化させていったのである。

このライフコースが実現する前提として、男性は必ず正規雇用者になれて、終身雇用で失業の心配なく、年齢に従って収入が増加すること、つまり、全男性が「日本型雇用システム」の恩恵を受けること。そして、女性は、そのような男性と結婚して離婚しないこと、つまり、全員が「性別役割分業型家族」を形成し維持できることが要件なのだ。
その前提がほぼ成り立っていたのが、戦後から昭和期の日本社会であり、その前提が崩れていくのが、まさに平成期の日本社会なのである（図表2－2）。

□戦後日本の社会保障システム

そして戦後日本政府は、この労働と家族のシステムを前提とし、かつ破綻させないように、社会保障制度を作り上げていく。扶養控除や厚生年金、遺族年金、年金の第三号被保険者制度など、夫が正規雇用で定年退職、妻が専業主婦（もしくはパート主婦）、全員が結婚して離婚しないことを前提とした（＝最も得する）税制や保険制度が作られる。そこから少しでも外れると、様々な不利益を被ることになる。

そして、形を変えながらも、社会保障における2つの前提は、現代でも維持されている。妻が扶養の範囲を超えて働けば、税制でも社会保険でも損をする。離婚すれば、主婦だった女性は生活に困難をきたし、老後の生活も保障されない。

このような形で、政府は、戦後、人々を「日本型雇用システム」や「性別役割分業型家族」に誘導し、多くの国民もそれを受け入れてきた。それが、格差があまりない中流社会を作り上げた戦後から昭和までの社会の姿なのである。

その結果、平成時代に入ると、労働分野では人材流動が停滞し、女性活躍が進まず、家族分野では未婚化が進行する。この点は、次に考察する。

2_4 社会の構造転換

1980年頃から、世界的に経済・社会の大変動が起きる。グローバル化が進み、経済が構造転換し、製造業に代わって、サービス業が産業の中心になる。新しい経済システム、ロバート・ライシュらがニューエコノミーと呼んだものが出現する。そこでは、経済発展のためには、柔軟な雇用が必要で、女性の活躍が不可欠になる。アメリカやイギリス、そして、西ヨーロッパなどの先進諸国はその波を主導し、金融や情報産業、サービス、文化産業を育てていった。もう、自国で工業製品を作って輸出すれば稼げる時代ではなくなったのである。この点に関しては、ロバート・ライシュ『勝者の代償』、拙書『希望格差社会』などを参照いただきたい。

□グローバル化に適応できなかった日本企業

日本は、工業時代にあまりにも成功したおかげで、高度に工業社会に適応した日本社会のシステム、つまり、「日本型雇用慣行」「性別役割分業型家族」、それを支える「制度、慣行、意識」への固執が起こり、その結果、世界の中の大きな変化、グローバル化や脱工業化、情報化の波への適応がうまくできないでいるのが、今の日本社会の立ち位置であり、第1章で述べた4つのネガティブなトレンドが進行したのである。

まず、経済―労働分野でいえば、終身雇用、年功序列というシステムは、企業が成長し、規模が拡大している時期には、優秀な人材を引き留めることに役立ち、生産性の低い中高年社員を少数抱えていても問題は少なかったのだろう。また、製造業が中心の時代には、現場の技術者を自社のシステムで育て、技術を身につけたベテランが新たな技術者を育てるという点でも合理的だったろう。

しかし、企業規模の拡大が限界に達した時代、生産性の低く給与が高い社員を抱え続けると、企業の利益は徐々に低下する。希望退職を募っても、よい転職先が容易に見つかる優秀な正社員は応募しても、よい転職先がないと思う社員ほど留まることを望むだろう。そして、正社員になることが難しい中で、就職活動を一生懸命しなくてはならない若年者は、いったん就職してしまえば安心して安全な道、定年まで収入が保障されている道を選ぶ（これは、受験勉強を

図表2-3　今の会社に一生勤めたいと思う

転職についての質問に対し、「今の会社に一生勤めようと思っている」と回答した割合

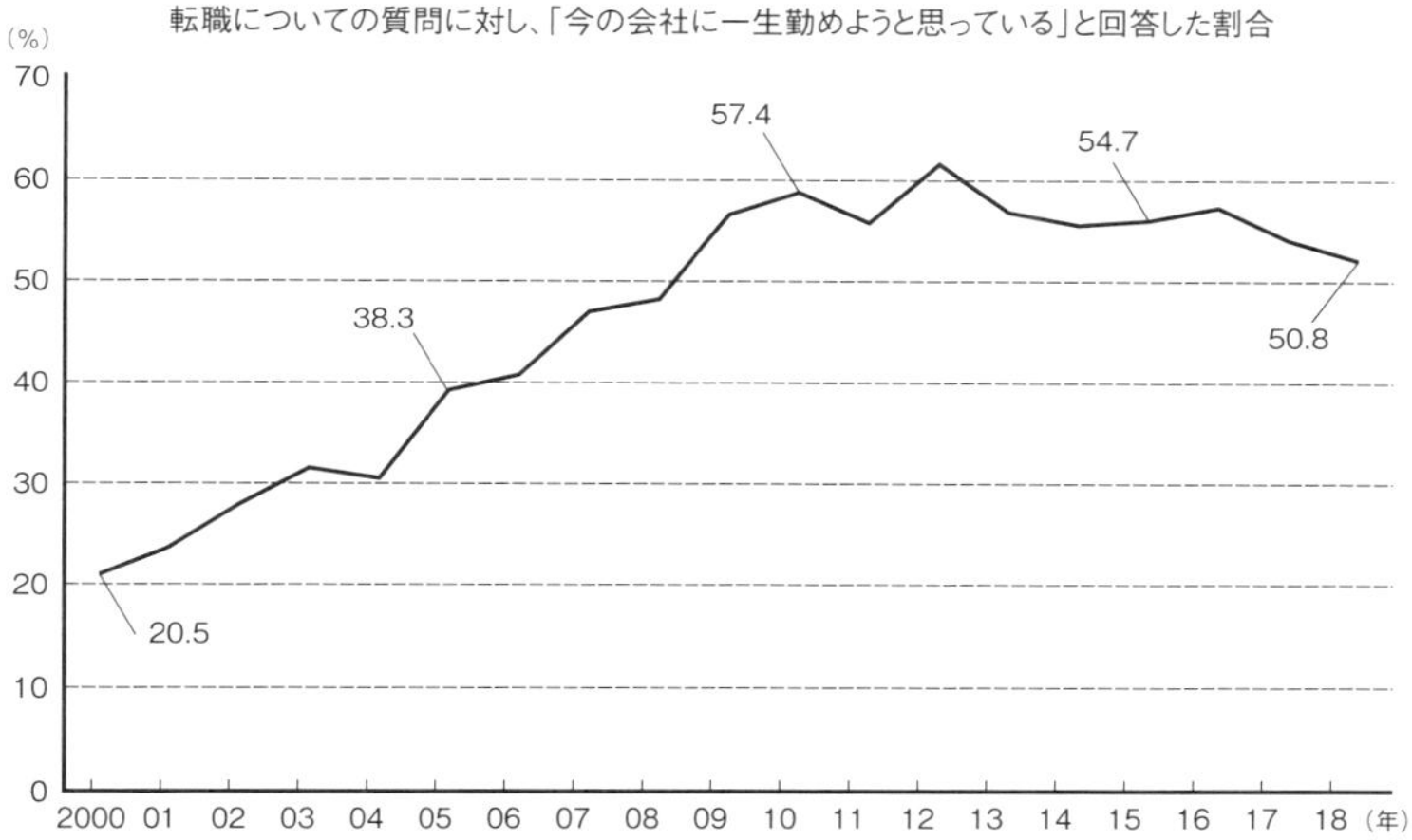

（出所）日本生産性本部「新入社員意識調査報告書 2018」より作成（2019 年以降はデータなし）。

必死にして合格した学生が、大学の勉強に励むことがなくなり、無事卒業することだけを目指すのと一緒である）。

日本生産性本部の「新入社員意識調査」でも、2000年以降、「今の会社に一生勤めようと思っている」人が増え、「起業したい」「転職したい」が徐々に減っていることがわかる（図表2-3）。さらに近年は、管理職になりたくないという若者も増えているという（図表2-4）。その結果、リスクを取らない正社員の若者が増え、イノベーションが起きにくくなる。

さらに、解雇することができず、転職もしないとなると、「優秀な人材を成長分野に振り向ける」という成長労働力の効率的な移動が日本では難しくなる。

図表 2-4　管理職になりたいか

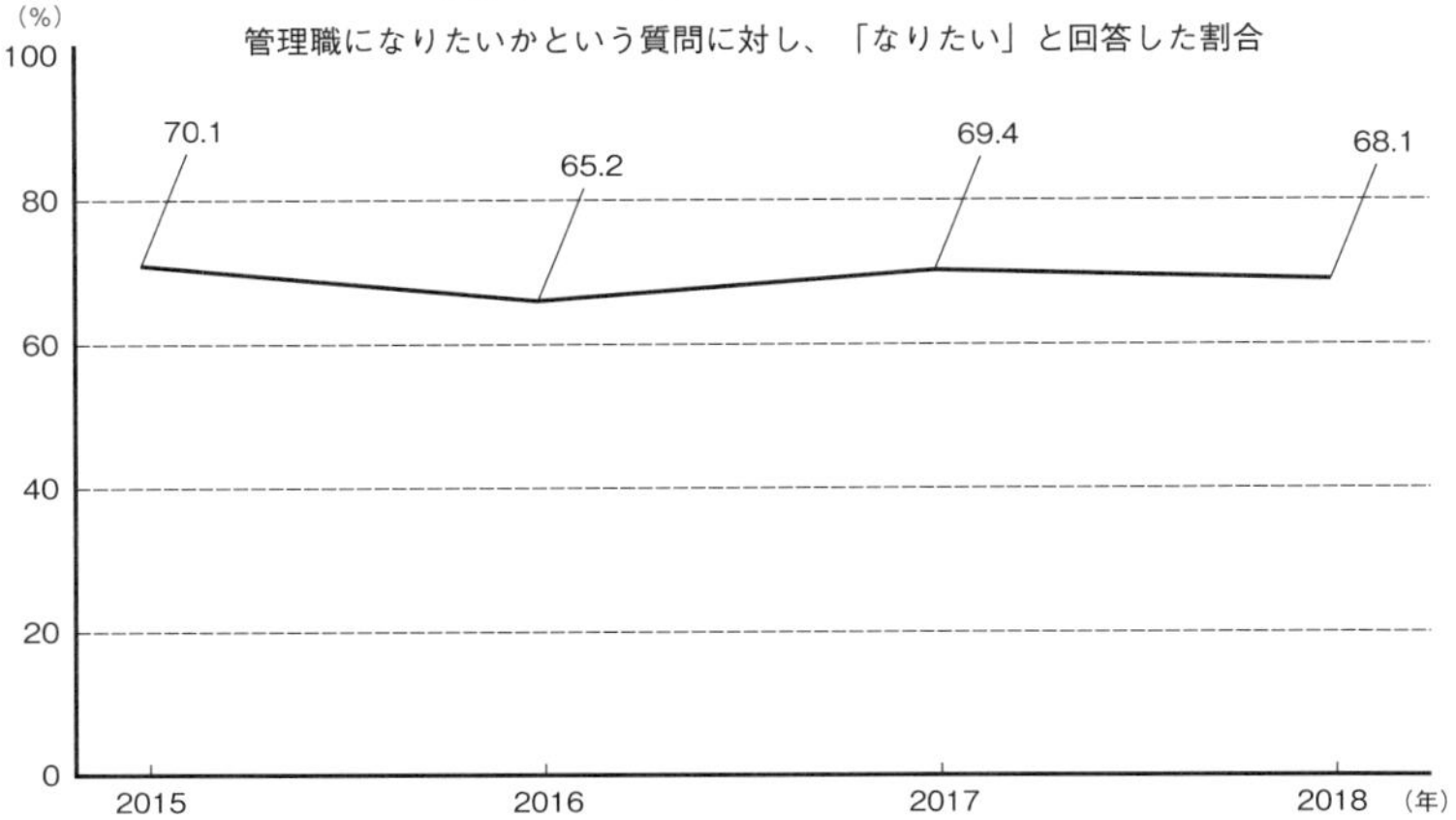

（出所）日本生産性本部「新入社員意識調査報告書 2018」より作成。

優秀な非正規社員がいても、「社内の秩序を守るため」、昇進をさせず、教育訓練の機会も与えられず、やる気を失わせる。中途採用が限定されているので、優秀な女性や外国人が排除されてしまう。つまり、ダイバーシティが発揮されない。本来生産性の高く、会社の業績に貢献できるはずの人材が、ルーティーン的な低賃金の仕事に就かざるをえない。一方、情報化やグローバル化に適応できず、生産性が低くなった年功がある中高年男性の収入や地位は高いままである。

このように新しい経済が出現しているにもかかわらず、多くの企業では、新卒一括採用、男性中心、年功序列、終身雇用の制度が変わらない。このままで、生産性が向上して成長するなどと誰がいえるのだろうか。

それでもグローバル化に適応した企業は、様々な工夫をし、ダイバーシティを導入して、生産性を上げているかもしれないが、地方の保護されている企業ではなかなか変化が進まない。

□希望が持てない人が増加

家族の面でも変化が遅れている。新しい経済の下、収入格差が広がるため「男性だけの収入で妻子を養って豊かな生活を送る」ことが徐々に難しくなる。そのため、欧米では、共働き化が進み、男女2人で家計を支えるものという意識に転換した。家族の形も多様化し、同棲が一般化し、同性結婚を許容する国も増えてきた。西ヨーロッパでは、それに対応して社会保障も個人化し、子育て世帯やシングルマザーに手厚い社会保障が行われることになる。

しかし、未だ日本社会では、家族の収入は主に男性が支えるべきだという意識が強く、制度的にも性役割分業家族が最も得をするようにできている。多様な家族の形を受け入れる方向で人々の意識の変化は起きているが、現実の制度をみると、同性結婚はもちろん、夫婦別姓制度でさえ認めるまでには至っていない。その結果が猛スピードで進む「少子高齢化」に現れている。

そこで問題になるのは、「豊かな家族生活を作る」という希望に関する格差である。社会が構造転換している中、経済格差が広がり、戦後一般化した「豊かな家族生活」という希望を持てる人と、持てない人に分裂している。では、希望を持てない人はどうなるのか、これが本書の主題の1つである。

第3章

生活者視点から「格差問題」を考える

3_1 経済格差が持つ意味

本書の目的は、経済格差の視点から、戦後の日本のトレンドを考察することにある。具体的な分析に入る前に、格差が、生活者としての個人にとって持つ意味を考察しておきたい。

□生活水準としての経済格差

まず、経済格差とは何かを検討しておこう。本書では、経済格差を単に一時点の個人の経済問題として捉えることはしない。

経済格差の指標としては、大きく分けて「収入」と「資産」がある。それが、個々人の生活水準にどのように影響するかは、年齢や家族のあり方によって異なる。

若い人は収入は少ないし資産はなく、生活水準は低いかもしれないが、将来収入の上昇が見込めるという期待がある。50歳の人は、収入は多いかもしれないが、住宅ローンや子どもの学費を抱えて、生活水準は低いかもしれない。収入は少なくても、資産が多い高齢者は、豊かな暮らしをしているだろう。

次に「家族」という変数を入れると、格差状況が複雑化してくる。既婚女性は、夫の収入が多ければ、妻本人の収入がゼロであっても、高い生活水準を享受できるだろう。これを親と同居の未婚の子に変えれば、私のいうパラサイト・シングルとなる。未婚者個人としては、低収入で資産ゼロであっても、裕福な親の家に住んで基本的生活を依存し、自分の収入を全て小遣いとして使えれば、相当豊かな生活を享受できる。一方、同じ低収入の親同居独身者であっても、親が貧しかったり介護負担があったりすれば、少ない収入を親を援助するために使わざるを得ず、生活がむしろ苦しくなるかもしれない。

とりあえず、経済格差を、現に家族（正確にいえば家計を同一にする世帯）として享受している現在の生活水準としておく。ライフコースによって収入が変動し、家族が多様化している現代社会においては、年齢や家族形態を考慮して、格差を論じることが不可欠であるからである。

生活水準としての経済格差は、文明が発生して以来、いつの時代でも、どんな社会でも存在していたものであり、社会全体でみれば、拡大、縮小を繰り返しながら推移する。そして、将来的にもなくなることはないだろう。

この経済格差を、マクロ的な視点ではなく、現実の「生活者」の視点から考えてみよう。

生活していく中で周りを見渡してみれば、経済生活に差があることは明白である。豊かな中で何不自由なく暮らす者もいれば、貧困の中でぎりぎりの生活を強いられる者、中にはぎりぎりの生活も不可能で飢えに至る人も存在する。

ただ、経済格差があったとしても、生活者としてそれを主観的に「問題」と捉えるかどうかは別問題である。豊かに暮らす人々は、その格差を正当化することはあっても、それを問題にしようと思う人は少ない。一昔前なら、豊かな親の元に生まれたから自分は豊かな生活を送れるのが当然と思う人が多かったろうし、近代社会になれば、自分の努力や才能のせいにする人が多いだろう。

問題は、経済格差の下にいる人たち、つまり貧しい人々が、他の人と比べて、自分の立場をどのように考え、行動するかである。そして、この考え方に関しては、前近代社会と近代社会において大きな違いがある。

□前近代社会の考え方

前近代社会は、身分社会であり、生まれによって一生の生活水準が決まってしまう社会であった。原則として親と同じ職業に就き、女性は父親と同じような相手と結婚した。豊かな親の元に生まれれば、親の職を引き継ぎ、豊かな生活が生涯約束された。貧しい親の元に生まれれば、一生貧しい暮らしが強いられた。例外はあるにしろ、世代内、世代間で身分を移動することはほぼ不可能であった。つまりは、経済格差が生涯を通じて、そして、子孫に至るまで固定化されていた社会である。

このような格差固定社会で、経済格差の下の人々が、貧しい生活を余儀なくされることが問題にならなかったのは、宗教が信じられていたことが大きい。宗教、特に世界宗教（仏教やキリスト教など、一民族を超えて広がった宗教）は、現在の経済格差を説明し、特に貧しい人々に希望を与えるために発達し広がったと考えている。

その鍵は、自分が死んだ後のこと、つまり、「来世での救済」なのである。社会学者マックス・ウェーバーの宗教社会学の議論を下敷きにして、簡単に宗教が現実の経済格差に関して、人々の意識に与える機能を考えてみよう。

キリスト教、イスラム教のような一神教では、現世とは別に死後の世界が想定されている。そして、貧しいものであってもよい行いをすれば、死後「天国」に行って、永久に何不自由なく暮らすことができる、逆に、富めるものであっても、悪行を重ねれば死後、地獄に落ち、永久に苦しみにさいなまれる（まさにイエス・キリストが「貧しき者は幸いなり」と述べたように、貧しい人の方が、天国に行くという確信を持ちやすかったかもしれない）。現在の格差は、死んだ後、別の世界での生活で埋め合わせられるのであり、現在の貧しさは、その途中にある神からの試練と捉えることができる。

目を古代インド社会に転じれば、「生まれ変わり」がヒンズー教の宗教観のベースにある。魂は輪廻するから、現在の問題は前世にある。つまり、今貧しい親の元に生まれ、生活が苦しいのは、前世の自分が悪行をしたからと解釈する。そして、今、貧しくとも善行を積めば、死後、富裕な親の元に生まれ変わり、何不自由ない生活が送れる、うまくいけば天上界に生まれ変われるかもしれない（インドのカーストは人間だけでなく、天上界から動物界、さらにその下まで広がっている）。ヒンズー教の中から生まれた仏教でも、生まれ変わりを前提としながら、金持ちであっても現世の苦しみ（老、病、死など）から逃れられるわけではない（実際に、仏陀は生活に何不自由のない王子だったわけだし）。救われるためには、悟ることが重要で、現世で悟れなくても死後極楽に生まれ変わって、最終的に悟りを得て救済されるというストーリーである（もちろん、宗派によって悟りに至る道は違うが、構造的には一緒であろう）。

つまり、多くの宗教が説くのは、現世で経済格差があって貧しい生活を送らざるを得なくても、来世ではそれが逆転して、豊かな生活を送る可能性があるのだ。前近代社会では平均寿命が短く、人々は死と隣り合わせに生きていたといってもよい社会であった。お金持ちであっても感染症にかかれば、あっという間に亡くなることが多かった時代である。そんな中、いつ亡くなるかわからない現在の生活より永遠に続く来世の生活の方が重要と考えれば、現世で貧困の生活にも耐えられたのである。それと同時に、富裕層であっても、来世のことを考えると節度を持った生活が求められたのである。

現在生活している世界とは別の世界がある。現実は貧しい生活を強いられていても、別の世界では豊かで満足した生活を送ることができるという考え方は重要である。現代日本社会では、宗教とは別の形、先取りして述べてしまえば、現代日本では「バーチャル世界（推し活の世界）」という形で、この考え方が復活してきているのでは、というのが、本書のテーマなのだ。

3_2 近代社会と格差問題の発生

社会が近代化され、宗教が衰退し、身分制も撤廃された。何より、平均寿命が延びると、来世よりも、現世での生活の重要性が増す。医療が発達し、病気ですぐに亡くなることは少なくなる（特に富裕層）、「死が隠され人々の意識から遠ざけられる」社会になった。とりあえず「来世」のことは、カッコに入れて考えない態度が広まる。

そこに、フランス革命以降、人間は生まれながらに平等であるという思想が普及する。そこで、「今ここに」存在している経済格差が問題になる。

近代社会は、生まれながらに一生涯の生活水準が決まる社会ではない。職業選択は自由で、結婚相手の選択も自由である。能力と努力次第で、生活水準を上昇させるという期待が持てる。つまり、将来（世代内）、もしくは、親とは違って（世代間）で、生活水準を変化、つまりは、格差を埋めることができるという可能性が開かれる社会である。親が貧しくても、そして、今貧しい生活を送っていても、収入を増やすことによって、将来、豊かに生活することが可能な社会となった。

もちろん、将来豊かになることが可能になったということであって、それが実現できる保証はない。また、逆に、今、もしくは親が豊かであっても、それが永遠に続く保証はない。将来貧しくなるというリスクと隣り合わせの社会でもある。

理念はそうであっても、現実には格差は存在し続ける。というよりも、産業革命が始まる近代初期には、西ヨーロッパでは工業化に伴い、手工業など前近代的産業が破壊され、多くの労働者はぎりぎりの生活を強いられた。たとえ能力や実力が潜在的にあったとしても、その実力が発揮されず、格差を埋めようと思っても埋まらない人々が徐々に増える社会であった。

その中で、格差是正、つまりは、平等を志向して、新たに出現した労働者を引きつけたのが、マルクス主義に代表される社会主義、共産主義思想である。ただ、歴史はその試みが、うまくいかなかったことを教えてくれる。ロシア革命以降、現実に社会主義を標榜した国々は、人権が無視され、かつ不平等が蔓延する社会でもあったことも知られている。

ただ、マルクス主義は、一種の「宗教」と同じ効果を貧しい人々に与えた思想であったともいえる。マルクス主義とキリスト教の類似性を最初に指摘したのは、イギリスの哲学者、バートランド・ラッセルであり、当時、両陣営から相当の批判を浴びたといわれている（ラッセル［１９６９］『西洋哲学史』）。つまり、マルクスの革命思想は、今ブルジョア階級に搾取されている労働者は、将来のある時点で社会主義革命が起こることで解放される。今まで豊かな生活をしていたブルジョア階級はその地位を失い、労働者は社会の主人公となることを約束した。これは、キリスト教の「最後の審判」とそっくりであるというのが、ラッセルの主張である。最後の審判では、神が貧しくても正しいものを救済して、死後永遠の豊かな生活を保証する。富裕層でも行いの正しくない者は永遠の苦しみを与えられる。マルクス主義では、共産党が革命によって、ブルジョアを打倒し、貧しいものを救済して、平等な共産主義社会を実現し、全ての人が豊かな生活を送ることを保証したのである。つまり、今の貧しい生活を耐えて、社会主義革命に向かって行動すれば、自分の将来、もしくは将来子孫の豊かな生活が実現されるという思想である。

しかし、豊かな社会のはずの革命後のロシアの悲惨な状況が知られるにつれ、「社会主義革命によって、豊かで平等な社会を実現する」という宗教的思想に希望を見いだすことが難しくなっているのが現状であろう。現在では、ソ連は崩壊し、中国も格差を伴った豊かさを是認している。先進諸国の労働者政党であっても、革命を起こして社会主義になれば豊かで平等な社会ができるということを表だって標榜することはなくなっているのだ。「共産主義革命」という看板を下ろしたおかげで、現在貧しい人々に希望を与える「政治的思想」はほぼなくなっているようにみえる。その結果、世界的には、貧しい層の間で、原理主義的な前近代的に死後の救済を約束する宗教意識に救いを求める傾向が出てきているのかもしれない。

□努力は報われるのか

一方、自由主義は、建前上は、経済格差は、その人が行った「努力」によるものであり、格差は乗り越えることが可能、つまり、今貧困であっても、貧しい親の元に生まれても、個人的に「正しい努力」をして、能力をつけ、仕事に励めば、将来において豊かな生活を送れる日がくるという思想である。

しかし、実際には、いくら努力しても貧困生活から抜け出せない人もいれば、ほとんど努力しないでも豊かな生活を送っている人もいる。また、親の経済状況やインテリジェンスが子どもの仕事能力、ひいては、将来の経済生活に大きく影響している。そして、この事実は、「努力は報われる」と建前をどんなに宣伝されようが、自由主義社会に生きるほとんどの人々は、「生まれ、つまり、親の地位によって将来の生活に違いがでるという事実」はわかっている。

これを放置すれば、格差の下にいる人たちの不満が高まり、革命によって「平等と豊かさ」を実現するマルクス主義的思想が受け入れられる土壌が広まり、社会が不安定化する。

そのため、自由主義社会では、「機会均等」と「再配分」政策を行う必要に迫られてきた。政府は、公教育システムなどを充実させ、「機会均等」を少なくとも表面的には目指す。機会均等が徹底されれば、格差は個々人の能力や努力の結果となり、人々に受け入れられるという考え方である。

ただ、いくら公教育を充実させても、完全な機会均等は不可能である。つまり、親が豊かなものがよりよい教育を受けられるという事実はなかなか動かない。そのため、政府やマスコミは「貧しい生まれのものでも、勉強を頑張り、大学に行った」とか「大学に行かなくても、自分の才覚で事業を興し経済的に成功した」という物語を普及させることに熱心である。ただ、宣伝したとしても、それを若者が実感できるかどうかは別問題である。

もう1つの緩和策が、再配分政策である。格差が開きすぎて、ぎりぎりの生活を強いられる人が多数になると、社会が不安定化する。マルクスが述べたように、失うものがない労働者が増えると、資本主義を否定するマルクス主義に希望を見いだすという勢力が強まる。それゆえ、お金持ちから税金を多く集めて社会福祉などを充実させ、大きすぎる格差を緩和することによって、今、貧しい人々の不満を抑える政策をとることになる。

その結果、先進国では、労働者の収入はある程度上がり、社会福祉制度がまがりなりにも整い、最低限の生活は保障されるようになった。しかし、人は、最低限の生活ができているからといって、それで満足する存在ではない。

その中で重要なのは、格差の下にいる人たちに、「将来への希望」を持たせることになる。現在、経済格差があっても、その格差が、将来「個人的に」解消される望み、つまり、豊かに生活することが実現可能であるという見通しが持たれているならば、経済格差が社会問題になることはない。それを現実に実現したのが、経済成長とともにあった戦後昭和期の日本社会ということができよう。
次章で、戦後日本社会の格差と格差に関する意識の歴史を振り返ってみよう。

第4章

格差社会の変遷

――過去・現在・未来

4_1 若者に希望があった時代

戦後の日本の格差状況を、生活者の視点で振り返ると、3つの時期に分けることができる。それは、①戦後の昭和期――格差が縮小し、格差が乗り越えられると信じられた時期、②平成期――格差が拡大し、「希望格差」が進行した時期。③令和以降――格差が固定し、バーチャルで格差を埋める時期である（図表4‐1）。順に考察していく。

□戦後の昭和期――中流化社会

戦後から、高度成長期を経て、バブル経済期までは、経済格差があっても、それが個人にとってほとんど問題とならなかった時代ということができよう。それは、経済格差が存在しても、それを乗り越えることが可能だと思えた時代だったからだ。

1945年、敗戦直後は、多くの人が貧しい中で生活をスタートさせた。一部の富裕層は存続したにしろ、多くの人は財産を失った。つまり、人生がリセットされたといってもよい。

図表 4-1　格差の過去、現在、未来

①戦後の昭和期	格差縮小	中流社会化	格差が乗り越えられると信じられた時代
②平成期	格差拡大	下流社会化	希望格差が進行した時代
③令和以降	格差固定	バーチャルで格差を埋める時代	

（出所）著者作成。

そして、復興から高度成長期に、ほとんどすべての人の生活水準が向上した。なぜなら、工業化が進む中、若者男性の労働力需要が旺盛で、ほとんどすべての男性の収入は安定し増大したからである。女性は、そのような男性と結婚して専業主婦になっても安心して生活することができた。その結果、「夫が主に仕事、妻が主に家事育児で豊かな生活を築く」という戦後型家族モデルがほとんどの若者に形成可能に思え、また、現実に可能だったからである。

もちろん経済格差はあった。しかし、格差の下にいる人であっても、時間が経てば、追いつくことができると思えたのである。現在、富裕層に比べれば生活水準は低くても、努力して頑張っていれば、将来同じ水準に達することができるという期待を持つことができた。例えば、経済の高度成長期前には、テレビなどの家電製品や自家用車、そして、持ち家は、富裕層のみが持てる贅沢品だった。しかし、高度成長期になり、男性の収入が増えるという見通しがたった。テレビなどの家電製品や自家用車、家などは、今すぐに買うことができなくても、少し経って夫の収入が上がれば、いずれ買うことができた。もちろん、そのときには、富裕層は、新しい製品や高級車などで、さらに豊かな生活をしているはずだが、その時点でもまた、追いつくことができると考えることができた。

私は、かつて『希望格差社会』［2004a］の中で、社会心理学者ランドルフ・ネッセの「希望は努力が報われると感じたときに生じる、絶望は努力が虚しいと感じたときに生じる」というフレーズを引用したが、高度成長期の若者は、みな、努力すれば豊かな生活（中くらいの生活）を築くことができるという希望を持つことができた。だから、格差があっても、個人的にも社会的にも、それが大きな問題とはならなかった。

1973年のオイルショックで経済の高度成長は終了する。経済成長率は低下し、低成長時代に突入する。それでも、「頑張れば将来豊かな生活が築ける」という期待、つまりは、「今はそれほど豊かでなくとも、将来豊かな生活は送れるはずだ」という希望は、失われることはなかった。マクロ的にいえば、欧米先進国がこの時期に大きな景気後退を経験したのに対し、日本では2度にわたるオイルショックを、製造業の効率化で乗り切ることができたことも大きい。目を家族に転じると、「性別役割分業型家族」であっても、夫の収入の伸びが鈍った分、妻の補助的なパート労働の収入で補うことができた。そして、政府は、専業主婦やパート主婦を税制や社会保障で優遇する政策をとることになる。それゆえ、多くのサラリーマン家庭においては、豊かな生活を築くという夢を諦めなくてすんだのである。

その優遇策の代表である税制における「103万円の壁」、年金における「第三号被保険者制度」などといわれる正規雇用の夫に扶養される主婦の優遇制度が令和まで残り続け、未だ女性の活躍を阻む一因となっているのは皮肉である。その結果、「日本的労働慣行」と「性別役割分業型家族」は基本的に温存され、それを標準とする制度、意識が平成を通じて続き、令和になった今でも残っている。それが、将来の日本社会の経済停滞や少子高齢化をもたらす原因になってしまうのである。

「将来豊かになれる」という期待感が絶頂に達したのが、バブル経済期（1986～92年）だったと、後から思えば判断できる。不動産価格や株価の上昇だけでなく、資産運用で利益を上げた大企業の社員のボーナスは破格のものとなった（私は国立大学勤務の公務員だったので雰囲気だけ共有していた）。私のように、バブル経済の渦中（当時30代前半）にいた者にとっては、当時の富裕層が送っていた生活、例えば、高級車を乗り回し高級マンションに住み、海外旅行で新作ブランド品を買いあさるような「おしゃれな生活」が、将来自分でも可能になると信じる人も多かった。特に若者においてはそうであったろう。

男女雇用機会均等法が1985年に成立し、バブル期が始まったとされる1986年に施行されたのも象徴的である。「女性の時代」と呼ばれたように、まさに、女性にも社会で活躍できる基盤が整う時代が来ると信じることができた。

ただ、当時、すでに結婚年齢の上昇は始まっていた（平均初婚年齢1980年夫27・8歳、妻25・2歳、1990年夫28・4歳、妻25・9歳)。ただ、20代の未婚率は確かに上昇していたが、50歳時の未婚率は、1985年時点で男性3・9%、女性4・3%であった。つまり、バブル時代の若者の親の世代は95%以上が結婚していたのである。だから、当時の若者は、自分たちは、あえて結婚を引き延ばしているだけと考えていたふしがある。親世代が誰でも結婚できているのだから、自分たちもいずれ結婚できるはずだと信じていた。

女性の結婚相手に関しては、「三高(高収入、高学歴、高身長)」という言葉が流行し、結婚相手への期待水準が高まった。それでも、若年男性はいずれは収入が高くなり結婚相手として選ばれることを期待し、女性は、収入が高い男性が周りにたくさんいたので、いつでも結婚して専業主婦になれると思えたのである。結果的にいえば、この世代の若者から未婚化が始まり、2020年で50歳(つまりバブル時代の1990年に20歳)の未婚率は、男性28%、女性18%に達している。30年前の彼らは、将来50歳になっても結婚していない人生が待っているとは想像さえもできなかったろう。

ここで、バブル経済期と重なる昭和末期の若者の状況をまとめてみよう。経済的には、「ジャパン・アズ・ナンバーワン」と呼ばれたように、日本経済は上昇中であり、かつ経済格差が小さく、将来はもっと豊かになると考えていた。女性の経済的地位は全体としてみればまだ低かったが、これから女性も政治的経済的に、どんどん活躍する人が増えていくと思うことができた。そして、家族に関しては、望めば結婚は誰でもでき、子どもを育てながら、理想的な豊かな家族生活を送れると信じていたのである。つまり、若者は将来生活がもっと豊かになり、女性はもっと活躍でき、結婚・子育てなど簡単にできると思っている中、平成時代に突入した。そして、その状況が「バブル」、つまり、いつかはじけてなくなるものであることがわかるのにそれほど時間はかからなかったのだが。

□平成期——希望格差社会の発生

本書の主題である平成期に様々な点で格差拡大が進行した。中流化が進行した戦後の昭和期は、社会に出たばかりの若者たちは希望に溢れていた。戦後すぐの若者は貧しい中から出発し、持ち家や自動車を乗り回す生活を望み実現していった。昭和の終わりの若者は、バブル経済の中で「リッチな生活」という夢をみた。時期によって違いはあるにしろ、日本社会が今後繁栄して豊かになり続けることを疑うものはほとんどいなかった。平成期に入り、経済格差が拡大する中、若者にどのような変化が生じたかをこの節で見ていく。

平成期のはじめに、バブル経済の崩壊（1992年頃）が起きる。それとほぼ同時に、グローバル化経済の波が日本にも押し寄せる。そして、日本でも、いわゆる「新しい経済」が広がってくる。そのため、すべての労働者を正社員として雇用することは、多くの企業にとって不可能になってくる。IT化、ロボット化、産業や経済のサービス化が進行し、その結果、高度にインテリジェンスが必要な人材が求められる一方で、高度に大量の「非正規雇用」の需要が生じる。サービス業や製造業などで大量の流動的労働者（昇進がほとんどない単純労働に従事し、企業に必要がなくなれば解雇することが容易な労働者）が必要になったからである。これは、世界の先進国、新興国で既に起きていたことである。

日本では終身雇用、年功序列などの日本的労働慣行は変わらず、中高年正社員（公務員も含む）男性の雇用は守られたこと、そして、移民の流入がほとんどなかったことにより、増大する流動労働者は、若年層によって担わされることになる。つまり、新卒で、正規雇用に就け、それを継続できている若者と、正規雇用に就けなかったり、退職などにより正規雇用から外れた若者の間で、雇用格差が生じることになる。新卒一括採用システムの下では、これは格差というよりも分断といった方がよいかもしれない。

戦後の若者の希望は、夫は仕事で妻は家事という「性別役割分業」で将来豊かな家族生活を実現することができることであった。それは、ほとんどの若年男性が「日本型雇用慣行」の下、安定して収入が増大し、定年まで保証されるという前提の下にうまく機能するものであった。

平成期以降も、安定した企業の正規雇用に就けた男性（とその家族）は、努力すれば豊かな生活を築く見込みはある。つまり、昭和期と同じように、豊かな生活を築くという希望をもてる。しかし、非正規雇用に就いた若者は、いくら努力しても豊かな生活を築く収入を得るという見込みが持てない。つまり将来の生活に希望が持てなくなる。この事態を私は「希望格差」

と呼んだのである（山田［２００４ａ］『希望格差社会』）。

このような状況が生じたのは、高度成長期に確立した日本型と呼ばれる労働慣行（新卒一括採用、終身雇用、非正規差別、女性差別など）、そして夫が主に家計を支えるという性別役割分業型の家族意識への固執が原因にあげられる。

男女に分けて論じてみよう。男性でも、新卒一括採用から漏れたり、いったんは正社員になれても何らかの理由で退職してしまうと、非正規雇用に就かざるを得ず、正規雇用に就く道はたいへん狭くなる。将来収入が高くなるという期待が持てない。そして、彼らは結婚相手としても選ばれにくいため、いくら「努力しても」豊かな家族生活を築くという見通しが持てない。

一方若年女性は、本人が非正規雇用で収入が少なくても、正規雇用男性と結婚できれば、豊かな生活を送れるという期待は持てる。しかし、そのような男性の数は徐々に減っていくから、結局は結婚できずに、未婚で低収入の職についたままの女性が多数出てくる。つまり、自力で豊かな生活を築く見通しが持てない女性も平成時代を通じて増大していくのである。

4_2 就活と婚活

そして、平成期を特徴付ける若者の行動様式が「就活」そして「婚活」である。特徴付けるというよりも、追い込まれるといった方がよいかもしれない。これは、昭和時代には、簡単にできていた「就職」や「結婚」が、近年、努力しなくてはできなくなっていることを表している。

□昭和の就職活動

昭和時代から、就職活動という言葉は一応は存在していたようである。しかし、現代とは大きく意味が違っていた。そして、略した「就活」という言葉が一般化したのは、実は2000年代に入ってからである（朝日新聞記事でも、「就活」が初めて紙面に登場するのは、1999年である）。その背景にあるのは、1992年のバブル経済の崩壊以降の経済の低迷であることは間違いない。就職氷河期という言葉が流行語になったのは、1994年のことであった。バブル経済崩壊以前は、経済成長による新卒者の需要がとても強く、正規雇用としての就職がたいへん容易だった。昭和末期のバブル経済期には、企業がいかに採用に苦労しているかが盛んに報道されたくらいである。第1章で述べたように、私は、ここ5年ほど学生（2000年頃生まれ）に、親（1970年前後生まれ）の就職状況を聞いてくるという宿題を出していた。1991年以前に学卒を迎え就職した親は、「何もしなくて10月1日に会社に行ったら合格していた」とか「面接に行くたびに交通費をもらえた」という話をするようで、今の学生は現在の自分の状況との落差に驚いていた。

新卒一括採用制度の下で、正社員になるには、学校を卒業したときが最も有利である。しかし、バブル経済崩壊以降、正社員としての採用人数は、各企業で絞られてくる。そこで、正社員になるためには、就活が必要になったのだ。大卒者の就活の内容は、就職予備校に1、2年生のときから通う、夏休みにインターンに応募する、そして、サークルなど課外活動でも「就活」に有利なものを選ぼうとする傾向が顕著である。大学教員として、最近の学生の生活をみていると、就活を中心に回っているような気がしている。

そして大卒者以上に打撃を受けたのが、高卒者や短大卒者、専門学校卒などの非大卒者たちである。堀有喜衣によると、昭和の時代までは、高卒者の多くは学校経由で男女とも正社員として就職する者が多かった。しかし、平成を通じて高卒者の正社員採用が少なくなり、学校が正社員職を斡旋できなくなったという（堀［2016］『高卒就職指導の社会学』）。

就職氷河期というと、それが一時的だけの現象であり、その時期の大学卒業者の人だけの問

図表4-2　若年非正規雇用者の増大

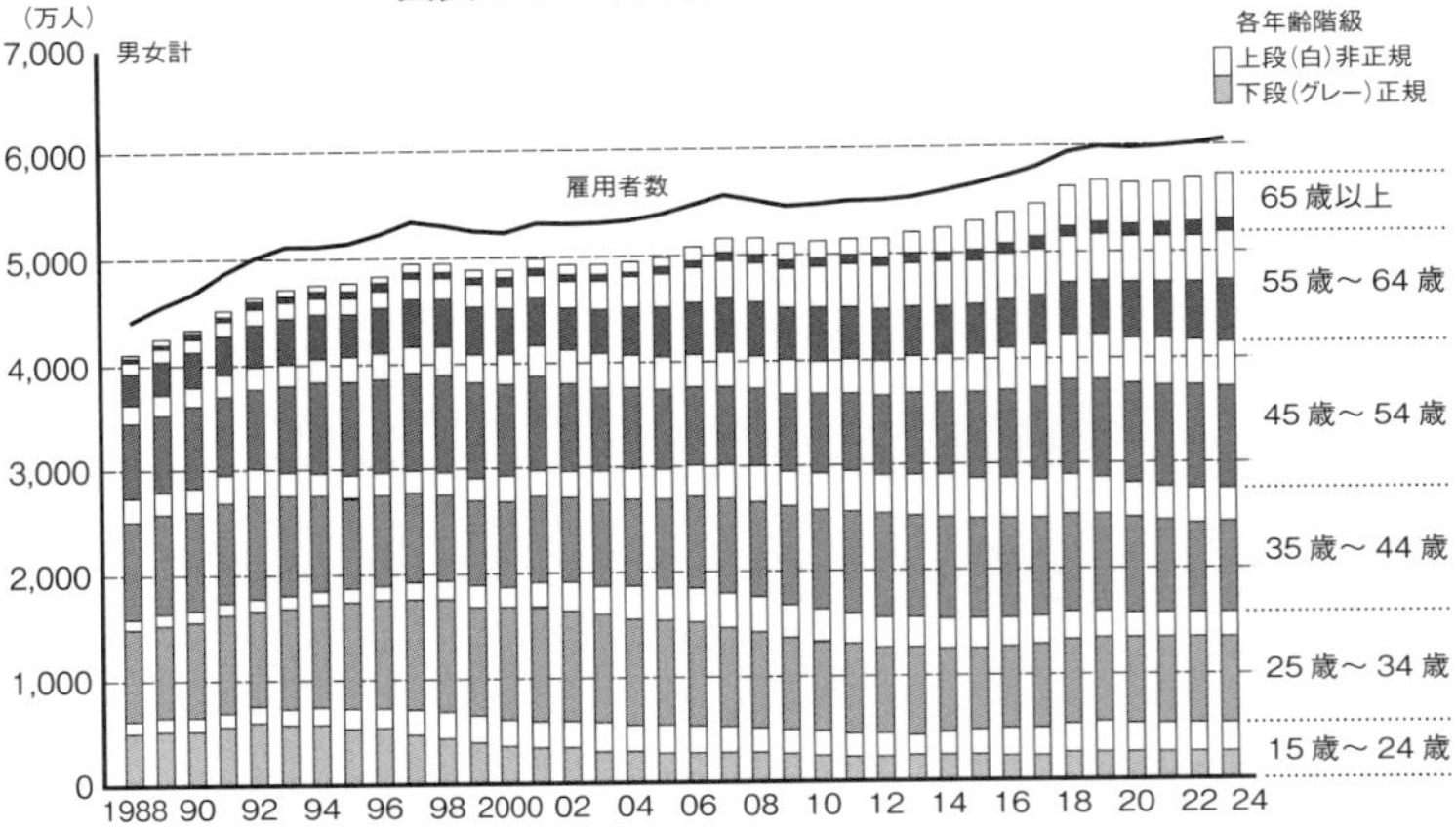

（出所）労働政策研究・研修機構「早わかりグラフでみる長期労働統計」（図9-1　各年齢階級における正規、非正規の内訳　男女計　1988年～2023年）。

題と思いがちだが、新卒一括採用システムが崩れていない中、バブル期に比べれば正社員の需要は圧倒的に弱い。確かにコロナ禍後、大学生の卒業時点での正規雇用就職率は回復傾向にあるが、半数近くを占める高卒や専門学校卒の正規雇用での就職率はそれほどでもない（図表4-2、図表4-3）。人手不足といっても、介護やサービス業での非正規雇用での募集が多く、相変わらず、正社員になれなかった人の安定した就職先は限られているのが実情である。

大学生の就活が過熱化する理由は、結局大手企業を中心に「新卒一括採用」が崩れていないからである。学生の方は、大手企業に入り定年まで安定した収入を得られる最大かつ最後のチャンスとみて、

図表 4-3　大学生就職率と高校生就職率

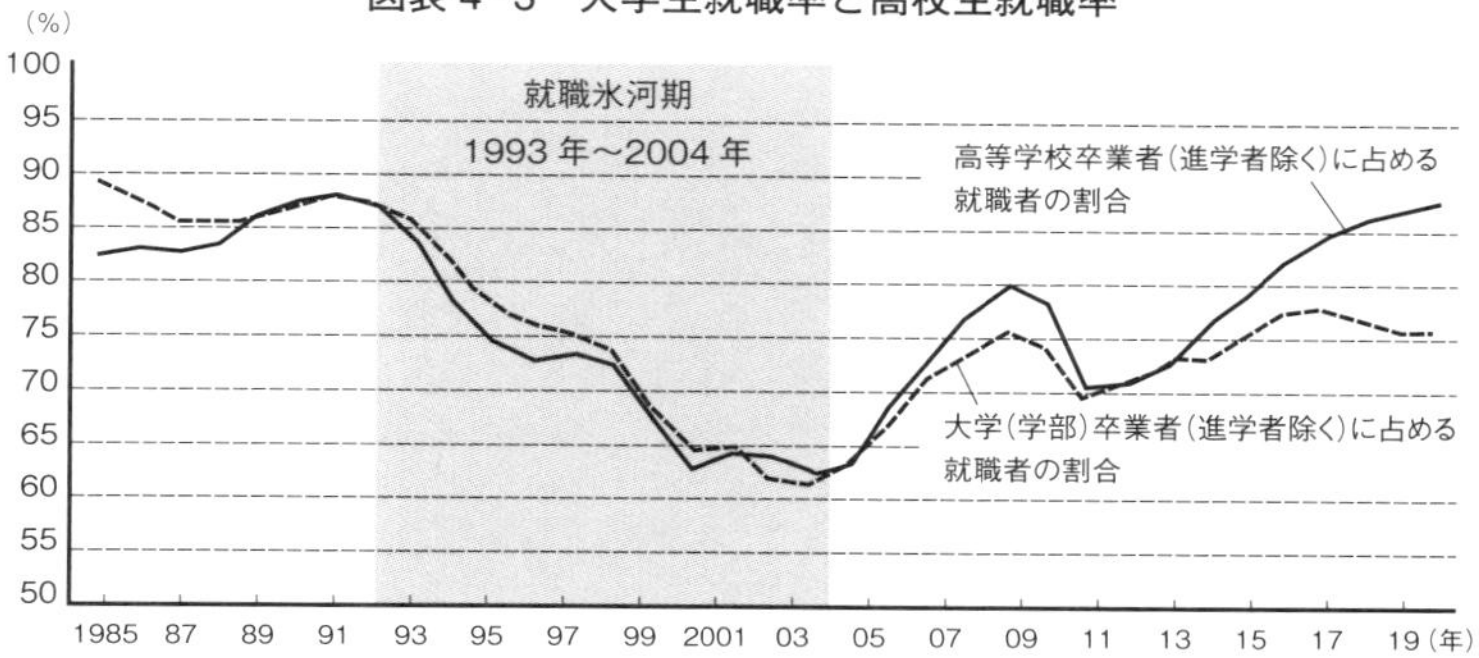

（備考）1. 文部科学省「学校基本調査」により作成。
2. 進学者について、大学は大学院研究科、大学の学部・短期大学の本科、大学・短期大学の専攻科及び別科に進学した者。高等学校は大学（学部）、短期大学（本科）、大学・短期大学の通信教育部、大学・短期大学（別科）、高等学校（専門科）、特別支援学校高等部（専攻科）、専修学校（専門課程）、専修学校（一般課程）等、公共職業能力開発施設等に進学・入学した者。
3. 高等学校卒業者は、中等教育学校後期課程卒業者を含む。

（出所）内閣府「日本経済 2019 - 2020」。

そこに努力を集中する。それを、リクルートやマイナビなどの就職支援企業が煽っている。公務員も年齢制限があり、さらに「公務員でも新卒の方が採用に有利」という情報が多くの学生に信じられているのだ。

世間的に、日本型雇用慣行（新卒一括採用や終身雇用）が崩れていると言われていても、それは、ほんの一部のこと。安定した大手企業で中途で採用される道は限られているし、中途採用は不安定にみえる新興企業に多いのは常識である。よほど自分の実力に自信があるか、社会で通用する資格を持っており、もしくは資格取得を目指す人でないと、卒業してから就職をじっくり考えようという学生はまずいないのである。

□家族形成格差の発生と婚活

婚活は、2007年、就活になぞらえて、結婚活動を略して私が作った言葉である。これも、先に述べたように昭和期には簡単にできるはずの結婚が、思い通りにできなくなっていることが背景にある。

平均初婚年齢は、1947年の数値は男性26・1歳、女性22・9歳であったのが、昭和の高度成長期には、男性26~27歳、女性25歳前後で推移し、1975年頃から上昇し始め、1989年には男性28・5歳、女性25・8歳となった。そして、平成時代には上昇が止まらず、2023年（令和5年）には、男性31・1歳、女性29・7歳まで上昇することになる。

ただ、昭和までは、この平均初婚年齢の上昇は、単に結婚の先延ばしと考えられていた、つまり、いつでも結婚できるから、今あえて結婚しないというものである。結婚までに遊んでおこうと思っていた未婚者もいれば、もっと結婚相手としてふさわしい人が出てくるまで待っていようと思っていた人もいただろう。前節で述べたように、1985年の50歳時点の未婚率は、わずか4％程度だったのである。20歳年上の人がほとんど結婚しているのだから、自分も結婚できないはずはないと思っても非難はできないだろう（結果的に、1970年生まれの人の50歳時点での未婚率は、男性28・3％、女性17・9％になったことは、前節でみてきたとおりである）。

何もしなくても結婚できていた時代から、結婚が難しくなった時代への移行が徐々に起こった。その背景には、経済的な停滞と若者の間の経済格差拡大がある。バブル経済崩壊以降、前項でみたとおり、正規雇用で就職できる若者と、不安定雇用に就かざるを得ない若者に分裂する。日本では、結婚するのに将来の経済生活が安定している見通しが不可欠と思われている。そして、「性別役割分業型家族」が標準であれば、正規雇用男性は結婚相手として選ばれやすいが、収入が不安定な男性は結婚しにくい。結婚は男女で行われるから、結婚相手として選ばれない男性が増えれば、その対極に収入が安定した男性と結婚したくてもできない女性が増えるのである。

以上のように、平成を通じて、結婚したくてもなかなか結婚できないという実態が徐々に明らかになる。そして、結婚したくてもできなかった未婚者が歳を重ねると、「中年未婚者」が、周りに目に見えて増えてくる。すると、それを見ている若者が、何もしなければ結婚できないと気づく。その結果、結婚を目指して合コンをしたり、紹介を頼んだり、結婚相談所に登録するなど様々なことを試みる若者が出現する。そのような若者たちを調査する中で、白河桃子さんとの対談中、「結婚活動」略して「婚活」という言葉を作ったのが、平成も半ばになった2007年のことであり（『AERA』2007年12月号）、翌2008年2人の共著『「婚活」時代』（ディスカヴァー携書）を出版。その後、主要な辞書にも載るようになり、婚活という言葉が定着することになる。

図表 4-4　未婚者が結婚相手に求めるもの

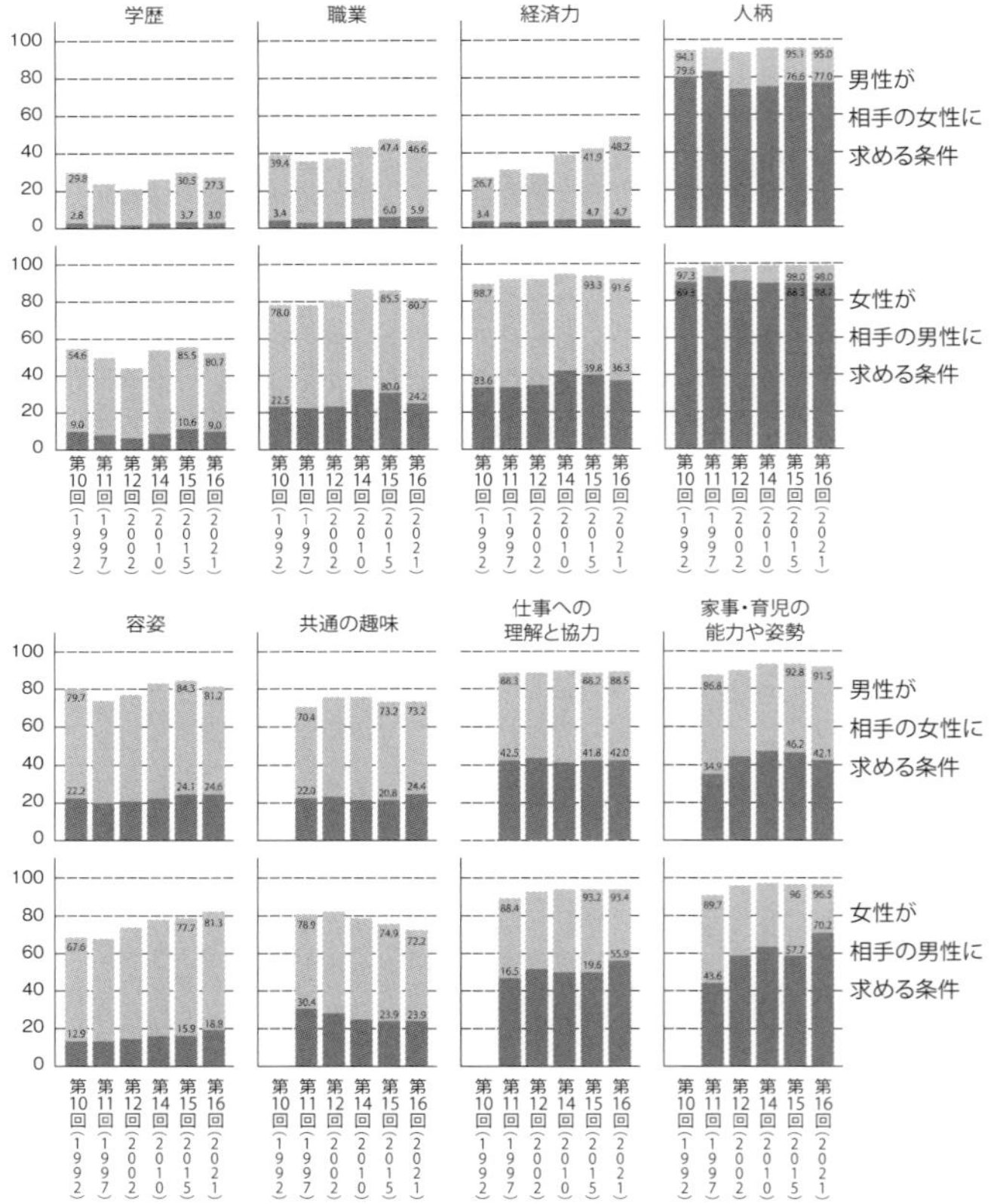

（注）対象は「いずれ結婚するつもり」と回答した 18 ～ 34 歳の未婚者。設問「あなたは結婚相手を決めるとき、次の①～⑧の項目について、どの程度重視しますか。」〈①相手の学歴（学歴）、②相手の職業（職業）、③相手の収入などの経済力（経済力）、④相手の人がら（人柄）、⑤相手の容姿（容姿）、⑥共通の趣味の有無（共通の趣味）、⑦自分の仕事に対する理解と協力（仕事への理解と協力）、⑧家事・育児に対する能力や姿勢（家事・育児の能力や姿勢）〉（1. 重視する、2. 考慮する、3. あまり関係ない）。
（出所）社会保障・人口問題研究所「第 16 回出生動向基本調査（結婚と出産に関する全国調査）」2021 年。

ただ、白河さんと私が婚活という言葉を作った意図としては、女性も経済的に自立すれば、結婚後の生活を心配することなく、恋愛に臨める。つまり、相手の男性の経済力を期待することなく結婚でき、その結果、結婚が増え、少子化も解消に向かうという期待があった。しかし、実際は、結婚に際してますます「経済生活」にこだわる人が増えることが起きてしまった。

近年は、結婚に際して、女性だけでなく、男性も相手に経済力を求める傾向が強まっている。その結果、男女とも、非正規雇用者など経済力がないものが結婚からはじかれ、「豊かな家族生活を築く」という幸せの希望を持てない人が増えることとなった（図表4－4）。

□就活、婚活の限界

企業側で、流動的でコストが低い非正規雇用者の需要が増えれば、その対極に正社員の需要は減る。企業だけでなく、公務員や教員などの世界でも、「非正規公務員」「非常勤教員」の割合が増えていく。その結果、女性だけでなく、経済的に不安定な男性が増える。男女とも経済的に不安定な若者が増えると、結婚できない若者が増加する。だから、経済的に安定した正社員としての就職や経済的に安定した結婚相手を求める「就活」と「婚活」をする人が増える。

問題は、就活や婚活は、非正規─正規格差問題、結婚難問題の根本的解決にならないことである。応募者側が就活したからといって、正社員の新規採用人数が増えるわけではないし、婚活したからといって収入の安定した若者の数が増えるわけではない。これは、みんながどんなに受験勉強を頑張っても、入学定員が同じなら、落ちる人数は変わらないのと同じである。就活を頑張ってある人が正社員になれば、正社員になれない人がその反対側に出てくる。婚活を頑張って収入の安定した人と結婚すれば、誰かは収入が安定した人と結婚できなくなる。

椅子の数、つまり、「安定した職」や「安定した職に就く未婚男性」の数が一定である限り、就活や婚活に努力する人が増えれば増えるほど、いわゆる努力のインフレーションが起き、その結果、努力に見合った結果が得られないと思う人が増える。

とはいえ、就活や婚活を頑張らなければ、正社員としての就職や結婚が遠のいてしまう。幸せの目標である「豊かな家族生活」を実現する機会を失う。就活や婚活によって、若者は余分な努力を強いられているともいえる。

就活、婚活という言葉が生まれ、就職や結婚に対するプレッシャーが徐々に強まっていったのが、平成時代の特徴といえるだろう。

4_3 パラサイト・シングルと希望格差の出現

□パラサイト・シングルの発生と変質

私は、手前味噌だが、平成の若者のあり方を象徴するのが、「パラサイト・シングル」、一般用語に置き換えれば、「親同居成人未婚者」という存在だと思っている。その理由は、平成の初頭と、平成の終わりでは、パラサイト・シングルをめぐる状況が劇的に異なっているからだ。

パラサイト・シングル（寄生単身者と中国語では訳された。英語では、parasite singles）は、1997年に「日本経済新聞」で発表したもので、「基本的生活を親に依存しリッチに生活する独身者」と定義した。それは、まだバブル経済期であった1990年代の初頭に、宮本みち子・千葉大学教授（当時）を代表とする社会学者のグループで未婚の20代の若者（1960年代生まれ）を調査した結果に基づいている（宮本ほか［1997］『未婚化社会の親子関係』）。調査当時の家族状況は、当時の50代の親（1930年代生まれ）は、戦後、経済の高度成長の波に乗って「豊かな家族生活」を実現した世代である。当時の20代は、すでに豊かになった親の元で育っていた。学校卒業後正社員として就職しても、親元を離れず、個室を自由に使い、

図表4-5　パラサイト・シングルの多様化

	豊かな親	生活が苦しい親
子が正規雇用	リッチなパラサイト・シングル 1990年代の典型	親を支援するための同居 高度成長期に見られた形態の再現
子が非正規雇用	親が子の生活を支える 2010年以降の典型	親子の収入を合わせてぎりぎりの生活 共倒れ予備軍

（出所）著者作成。

何より、収入のほとんどを小遣いに充てる生活ができる。自立しようと思えばできるのに、親と同居し続け、独身生活を楽しもうとする存在に対して、そう名付けたのである。

しかし、バブル経済が崩壊、1990年代半ばの就職氷河期を経て、アジア金融危機（1997年）、リーマンショック（2008年）となり、若者の経済状況の悪化が止まらない。すると、若者の中で非正規雇用者が増える。自立したくても収入が少なくて自立できない独身者が平成期を通じて増えるのである。その上、平成末期になると、若者の親世代（1970年前後生まれの団塊ジュニア世代）も前の世代とは違って、ほとんどの人が豊かな生活を築いたとはいえなくなる。バブル後の経済停滞の影響を受けた世代で、経済状況に格差が生じている（図表4-5）。

すると、若者の親の中には、成人した子どもの収入をあてにせざるを得ないくらい生活が苦しい50代も増えてくる。こうなると、（子どもが親に）パラサイト（寄生）というよりも、共生（子どもと親が少ない収入を合わせてぎりぎりの生活を強いられる）という方がふさわしい「親同居未婚者」も増えてきている。

もちろん、1990年代初頭と同じように、豊かな親の元で正規雇用に就き収入を自由に好きなことに使う生活ができるリッチなパラサイト・シングルも数を減らしながらも存在し続けている。つまり、「親同居未婚者」というカテゴリーの中でも、格差拡大が進行したのが平成時代といえよう。そして、親世代の格差拡大と子世代の格差拡大が同時に進行したが故に、親同居未婚者の状況を単純に語ることができなくなっている。次章で考察していく。

□希望格差社会

私が『希望格差社会』を著したのは、今から考えれば、ちょうど、平成の半ばの2004年（平成16年）のことである。当時増大していた未婚の非正規雇用者をインタビュー調査する中から生まれた言葉であり、2006年には「格差社会」でユーキャン流行語大賞トップ10もいただくことができた。

そこで、前述した社会心理学者ランドルフ・ネッセ（R.Nesse）の「希望（hope）という感情は、努力が報われるときに生じ、努力が虚しいと思えば絶望（despair）が生じる」というフレーズを引用した。

当時でも正規雇用者であれば、社内で努力すれば昇進し、報われると思うことができた。正規雇用者と結婚できた女性も、家事育児で努力すれば、豊かな生活を築くという希望を持つことができた。

非正規雇用で留まる若者は、いくら仕事を努力しても報われるという実感が乏しい。時給が多少上がるかもしれないが、昇進するわけではないし、正規雇用になる道はたいへん狭い。さらに、結婚しようと努力してもそれが報われない状況にいる。たとえ、収入が低く、不安定なまま結婚しても、努力しても豊かな家族生活が築ける見通しが持てない（だから離婚も増えるのだが）。そのような若者が増えた状況を希望格差社会と名付けたのである。

つまり、戦後、昭和期は、若者は誰でも努力すれば「豊かな生活」を築く希望を持つことが可能な仕事、家族環境にあった。しかし、平成期の若者は、その置かれた立ち位置によって、希望格差が生じてしまった。そして、現実世界で希望が持てない若者が、出現し増え続け、そのまま歳をとり続けているのが、平成期に起きたことなのである。

第5章

令和の格差社会の形成

5_1 令和期、格差の固定化の時代

□格差社会が完成型に

「平成」が、仕事や家族など様々な点で格差拡大が進行し、若者に希望格差が出現した時代だとすると、「令和」は様々な格差が固定化する時代になるのではないかと懸念している。

まず、平成に拡大した仕事や家族形成における格差拡大が、令和に入って反転とはいかないものの、頭打ちになったようにみえる。それは、平成の後期、経済分野では、非正規雇用者の増加割合が2010年頃から頭打ちになっていることがある。また、人口、家族分野でも、2010年以降合計特殊出生率の低下や30代前半の未婚率上昇に歯止めがかかっている。ただ、2024年の時点で見てみると、コロナ禍の影響により出生に関して低下傾向はみられるので注意は必要である。一方、コロナ禍終息後の労働需要の強さから、雇用の面では状況は上向いているようにみえる。

だからといって、事態が好転しているわけではない。

平成初期には、仕事格差や家族格差は、若者特有の現象といってよかった。当時の中高年の

図表5-1　未婚率の比較

（%）

	男性		女性	
	30代前半	50歳	30代前半	50歳
1990年	32.8	5.6	13.9	4.3
2005年	47.1	16.0	32.0	7.3
2020年	51.9	28.3	38.5	17.9

（出所）国勢調査。

経済格差は、質的な意味では比較的小さかった。ほとんどの中年男性は正規雇用（もしくは安定した自営業）に就いていたし、男女ともほとんどが結婚しており、中高年の離婚はまだ少なかった。

１９９０年には、50代前半の未婚率は、男性はわずか４・３%、女性４・１%だった。その時、30代前半の未婚率は、男性32・８%、女性13・９%だった。それが、平成半ばの２００５年には、男性47・１%、女性32・０%になり、それから増加は頭打ちになり、２０２０年には男性51・９%、女性38・５%である（図表５-１）。

一方、50歳時点の未婚率は、上昇傾向が止まらず、28・３%、17・９%になったのは、見てきたとおりである。人間は歳をとる。平成の30年間に、若者は歳をとるということは、平成初期の若年未婚者のうち多くが結婚せずに、令和になると未婚のまま中年に達したのだ。まさに、家族形成格差が中高年にも及んでくる、というよりも、格差が固定化されたまま、30年が経過したのである。

仕事においても同様である。近年、「ロスジェネ世代」「就職氷河期世代」とか、「アラフォー・クライシス（２０１７年「ＮＨＫクローズアップ現代」）」という言葉が作られ、定着していくことになった。１９７５年前後生まれ、いわゆる就職氷河期に正社員として就職できず、非正規雇用を転々とする若者のその後を表した言葉である。

日本的雇用慣行、つまり、新卒一括採用・終身雇用が崩れないまま、新卒正社員採用が少なくなれば、当然のごとく、正社員になれなかった新卒者が正規雇用になる機会は狭まり、学校卒業時の格差がそのまま続いていく。新卒時の収入は正規雇用と非正規雇用では大差ないかもしれないが、安定した企業の正規雇用者は社内でスキルアップし、そのまま年功序列で昇進、収入が安定して増えるのに対し、同じ企業に勤めていたとしても非正規雇用者は、スキルを磨く機会もないまま放置される。彼らは、就職氷河期といわれてからから30年経ち、令和には50歳前後となる。不安定雇用の若者が年齢進行とともに中年となっていく。世代内の格差が固定化されているのが、日本的雇用慣行の特徴である。このまま進めば、安定した職に就いた経験がないまま、高齢を迎える人が増えていく（図表５‐２）。

昭和の時代にもアルバイトやパートなど、非正規雇用者はいた。しかし、彼らの大部分は、学生、主婦、高齢者だった。つまり、十分収入がある親や夫の被扶養者であるか、年金という生活手段を持っていた。自営業である農家の出稼ぎなどもこれに入るだろう。つまり、非正規雇用者は、あくまで家計補助者で、それだけで生計をたてているものはいないという前提が

図表5-2　正規雇用者と非正規雇用者の年代別年収格差

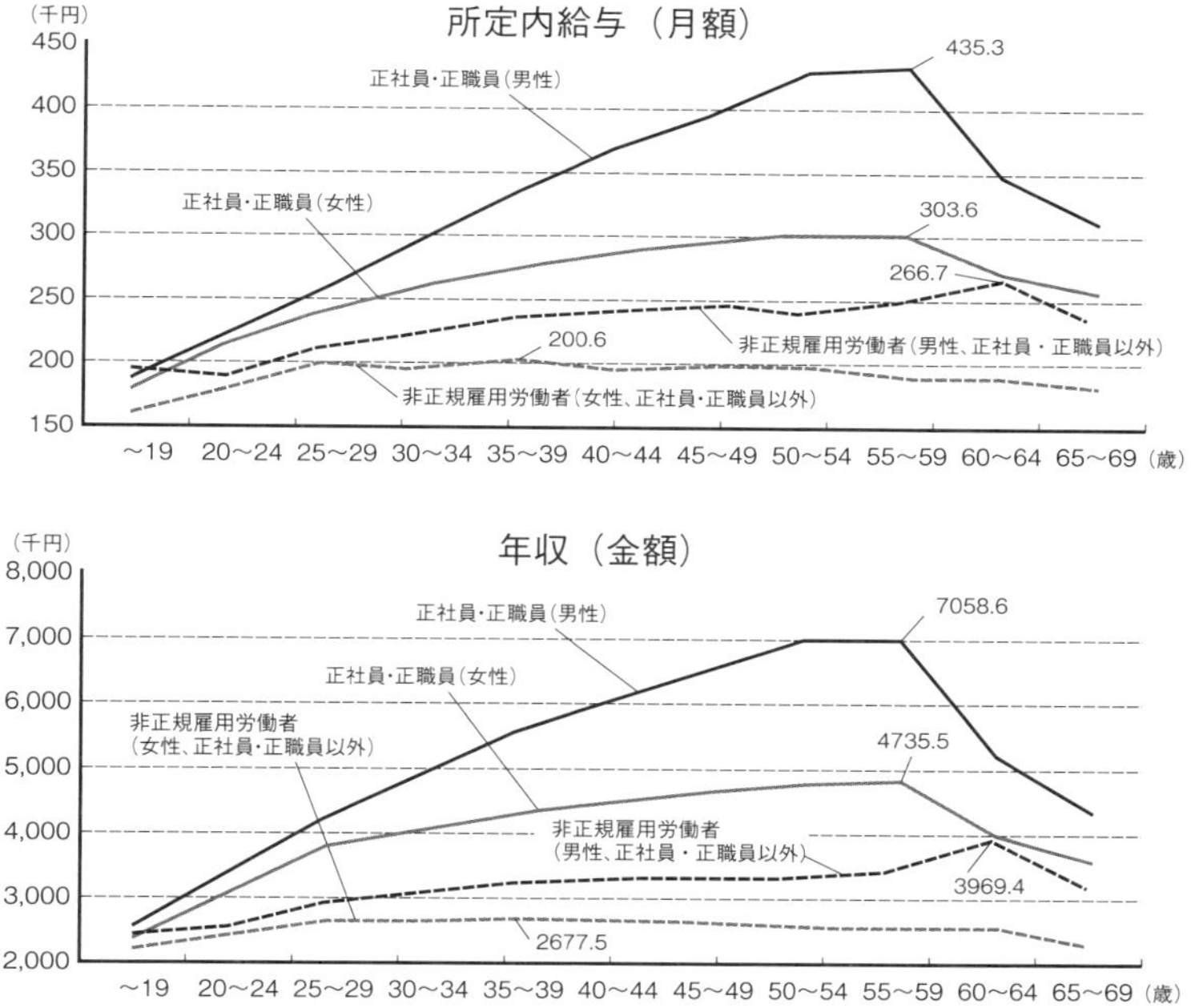

（出所）内閣府「男女間賃金格差について」2020年。

あった。なぜなら、正規雇用の需要が強く、生計維持の必要があるものには正規雇用の道が開けていた。だから、多くの非正規雇用者や自営業者に対しては、社会保障（雇用保険、育休、年金など）の恩恵がなくても、そして昇進や昇給がなくても生活にかかわる問題は起こらなかったのだ。

　もちろん、現代社会にも家計の補助者として働く人は多くいる。未だ、雇用時間調整をして扶養の範囲（年収１０３万円

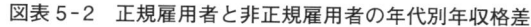

図表 5-3　ひとり親の雇用形態調査

およそ 30 年間で、母子世帯は約 1.4 倍に増加。

	［昭和63（1988）年］		［令和3（2021）年］
母子世帯数【注】	84.9 万世帯	→	119.5 万世帯（ひとり親世帯の 88.9%）
父子世帯数【注】	17.3 万世帯	→	14.9 万世帯（ひとり親世帯の 11.1%）

【注】母子又は父子以外の同居者がいる世帯を含めた全体の母子世帯、父子世帯の数

	母子世帯	父子世帯	一般世帯（参考）
就業率	86.3%	88.1%	女性 73.3% 男性 84.3%
役員を除く雇用者のうち正規雇用労働者	53.5%	91.6%	女性 49.8% 男性 82.7%
役員を除く雇用者のうち非正規雇用労働者	46.5%	8.4%	女性 50.2% 男性 17.3%
平均年間就労収入	236 万円 正規雇用労働者:344万円 パート・アルバイト等:150万円	496 万円 正規雇用労働者:523万円 パート・アルバイト等:192万円	平均給与所得 女性 314 万円 男性 563 万円
養育費受領率	28.1%	8.7%	−

（備考）1. 母子世帯及び父子世帯はこども家庭庁「全国ひとり親世帯等調査（令和 3（2021）年度）」（推計値）より作成。母子世帯及び父子世帯の正規雇用労働者、非正規雇用労働者の構成割合は、「正規の職員・従業員」及び「非正規の職員・従業員」（「派遣社員」及び「パート・アルバイト等」の計）の合計を総数として算出した割合。
　平均年間就労収入は、母子世帯及び父子世帯の母又は父自身の就労収入。
2. 一般世帯の就業率は総務省「労働力調査（基本集計）（令和 5（2023）年）15 ～ 64 歳」、平均年間就労収入は国税庁「民間給与実態統計調査（令和 4（2022）年）」より作成。
3.「民間給与実態統計調査」について、令和 4（2022）年より、推計方法が変更されている。

（出所）内閣府男女共同参画局『令和 6 年版　男女共同参画白書』。

程度）で働く女性（正規雇用の夫がいる）は、約100万人いる。しかし、自分で生計をたてなければならず、（特段の事情がなく）正規雇用に就けないで、不安定な非正規雇用に就く若者が増大し、彼らは加齢とともに中高年となっている。

この仕事における格差は、先の家族格差と連動している。特に男性は、収入が不安定なものは結婚しにくい。また、女性は結婚では男性ほどの不利にならないが、男性に比べ独身であっても非正規雇用者が多い。ひと

り親女性のかなりの割合が非正規雇用である（図表5－3）。

このように、近年の生活問題は、家族格差と雇用格差が複雑にからみあい、重層化している。

5_2 中高年独身者の社会問題化

□パラサイト・シングルの中高年化

日本の若年未婚者の多くは「親と同居」していることは前章で述べた。

統計研究研修所の西文彦氏の集計によると、34歳までの若年親同居未婚者が増えたのは、昭和末期から2000年頃までである。それ以降は、割合としては大きな変化はないが、団塊ジュニア世代が35歳以上になる2010年以降は、若者の絶対数が減少するので、むしろ、人数的には減っている（図表5－4）。

一方、35～44歳の中年親同居未婚者は、右肩上がりに増加している。若年の時に結婚難に直面した団塊ジュニア世代が、親と同居したまま歳を重ねていった。その結果、2015年時点で中年親同居未婚者は300万人に上ると推計されている（図表5－5）。そして、西氏の分

図表5-4　若年親同居未婚者の増加

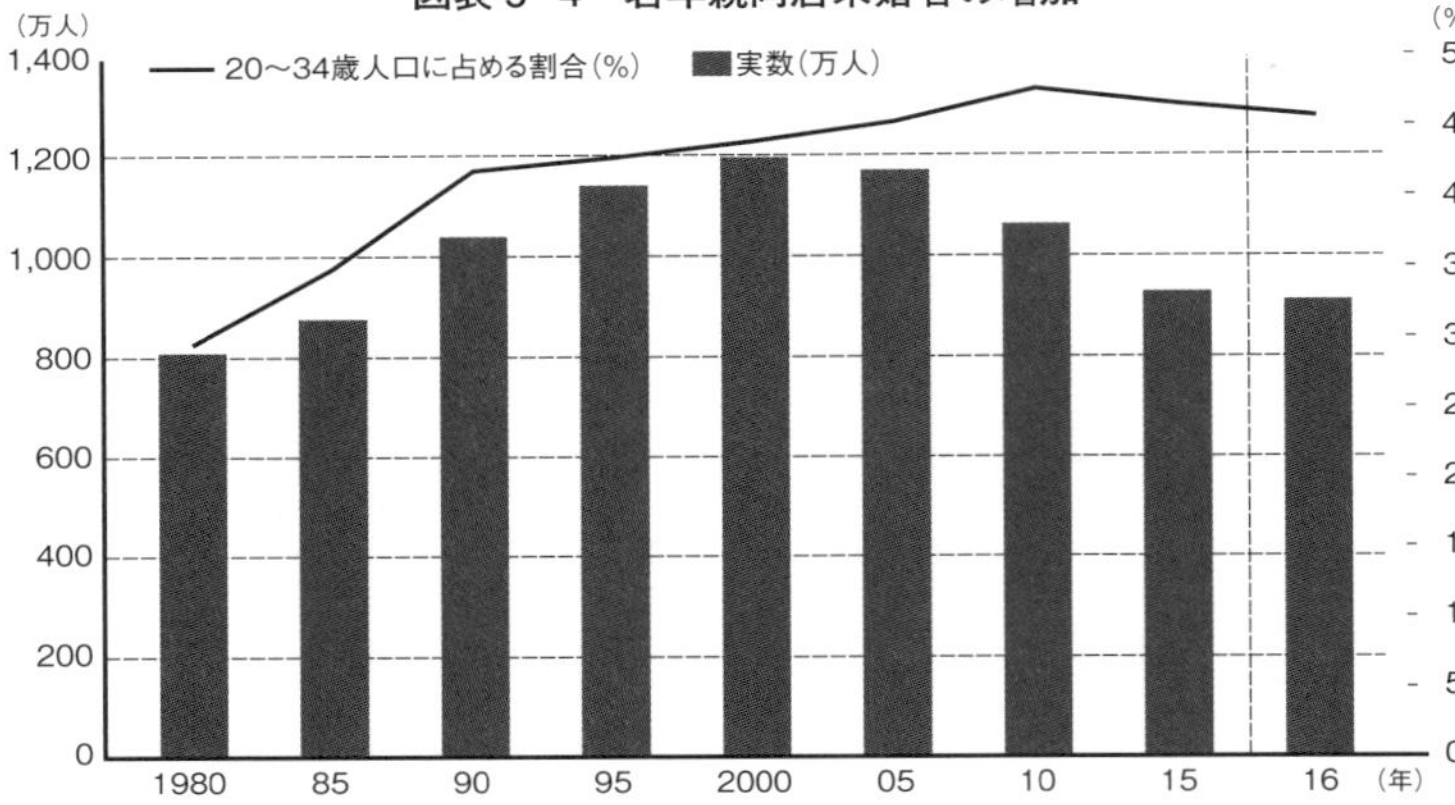

（注）親と同居の若年未婚者（20～34歳）数の推移―全国（1980、1985、1990、1995、2000、2005、2010、2015、2016年）。
（出所）西文彦「親と同居の未婚者の最近の状況」総務省統計研究研修所、2017年。

図表5-5　中年親同居未婚者の増加

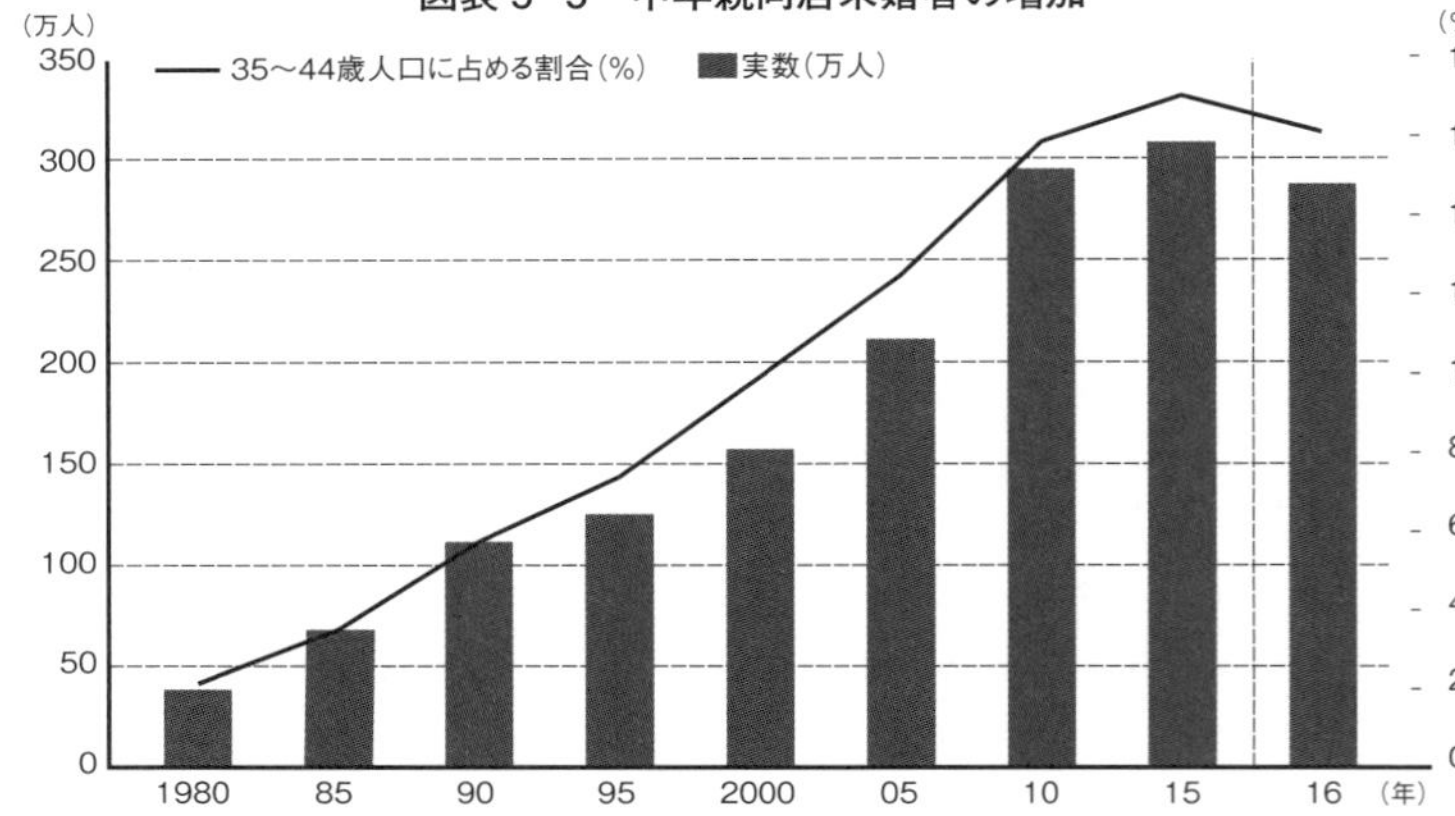

（注）親と同居の壮年未婚者（35～44歳）数の推移―全国（1980、1985、1990、1995、2000、2005、2010、2015、2016年）。
（出所）西文彦「親と同居の未婚者の最近の状況」総務省統計研究研修所、2017年。

図表5-6　中高年ひきこもり調査

	該当人数（人）	有効回収数に占める割合（%）	全国の推計数（万人）	
ふだんは家にいるが、自分の趣味に関する用事のときだけ外出する	19	0.58	24.8	準ひきこもり群 24.8万人
ふだんは家にいるが、近所のコンビニなどには出かける	21	0.65	27.4	狭義のひきこもり群 36.5万人
自室からは出るが、家からは出ない又は自室からほとんど出ない	7	0.22	9.1	
計	47	1.45	61.3	広義のひきこもり群 61.3万人

（出所）内閣府「生活状況に関する調査」（2019年3月）。

析によると、親同居未婚者は、既婚者やひとり暮らし未婚者に比べ、無職や非正規雇用が多い。親から独立してひとり暮らししたくとも経済的にできないから、親を頼っているともいえる。

さらに、親同居ひとり親世帯も増えている。日本では、若年で離婚したものは、男女とも親と同居する割合が高い。全国消費実態調査を利用した私の集計では、親と同居しているひとり親の収入が相当低くなっている。つまり、パラサイト・シングルならぬパラサイト・ディボースドとなっている。

また、いわゆる「ひきこもり」も増えている（図表5-6）。2018年の内閣府の調査だと、現在、中高年（40~64歳）のひきこもりは61万人と推計されている。彼らのほとんどは、高齢になった親に扶養されている。もちろん親同居未婚者がすべてひきこもりというわけではないことには留意しなければならないが。

そして、団塊ジュニアが50歳に到達した近年は、50代の親同居未婚者数が急速に増大している。これが、次に述べる独身者の将来問題に影響を及ぼしている。

□増大する中高年の独身者

50代独身者増加の現実を、１９９０年（平成２年）と２０２０年（令和２年）の国勢調査のデータからみてみよう。

１９９０年には、50代（ほぼ１９３１～40年生まれに相当）男性の約90％、女性の約82％に配偶者がいた。女性の独身者の多くは離死別であったことがわかる。未婚率は、男女とも５％未満で、独身者は、男性約67万人、女性約１４４万人と女性の方が倍以上多かった。男性未婚者は、28万人に過ぎなかった。

２０２０年には、50代（ほぼ１９６１～70年生まれに相当）独身者は、男性２７６万人、女性２３９万人と大幅に増加した。特に男性の増加が著しく、人数的に男性は４倍、女性でも約１・５倍に増え、男性独身者が女性独身者を上回るようになる。男性では、３分の１、女性は約３割に配偶者がいない状態にある。

図表 5-7　配偶関係（1990 年と 2020 年）

1990 年配偶関係

（%）

年齢	男性			女性		
	有配偶率	未婚率	離死別率	有配偶率	未婚率	離死別率
50-54 歳	90.4	4.3	4.8	84.2	4.1	11.3
55-59 歳	91.3	2.9	5.3	80.0	4.2	15.4

（人）

	有配偶者	未婚者	離死別者	有配偶者	未婚者	離死別者
50-54 歳	361 万	17 万	19 万	345 万	17 万	50 万
55-59 歳	345 万	11 万	20 万	315 万	16 万	61 万

2020 年配偶関係（不詳・案分処理後の数値）

（%）

	有配偶率	未婚率	離死別率	有配偶率	未婚率	離死別率
50-54 歳	65.5	26.6	7.9	70.2	16.5	13.4
55-59 歳	69.2	21.6	9.2	72.3	12.2	15.5

（人）

	有配偶者	未婚者	離死別者	有配偶者	未婚者	離死別者
50-54 歳	288 万	117 万	35 万	305 万	71 万	58 万
55-59 歳	273 万	86 万	37 万	287 万	49 万	61 万

（注）不詳は含まないので合計は 100%にならない。
（出所）1990 年、2020 年国勢調査より作成。

詳しくみていくと、長寿化の影響で、男女とも、独身者の中で、死別者が大きく減ったことがわかる。男性平均寿命の伸びによって、50代の死別女性は減りつつある。

一方、未婚者と離別者は大きく増えている。特に男性未婚者が著しく増大し、50代前半の男性未婚者は117万人と35年で大きく増加したことがわかる。そして、離別者も男性が増えているが、女性の離別者の増加数の方が多い（男性の再婚率が高いので）。ただ、未婚化の傾向は男女ともに広がり、女性においても50代前半では、未婚者の方が離死別者より多くなっている（図表5-7）。

本書では、50代の数字を示したが、40代では独身者、特に未婚者数が男女とも増大しており、彼らが2030年に50代になったときには、2020年の50代よりも独身者率が増えていることは間違いない。

□独身者の社会問題化

独身者の存在が、即社会問題になるわけではない。特に、自ら独身を選び取っている「独身主義者」が問題視されることは少ない。一昔前は、ほとんどの人が結婚している中で、独身を貫くためには、覚悟を持って独身でも大丈夫なように、若い頃から生活設計をしていると考えられたからである。

しかし、現在増えている中年独身者は、結婚したくてもできなかった未婚者と離別者が多数を占めている。1997年の出生動向調査によると、当時の18～34歳（2023年時点で44～60歳）の結婚希望者は、男性85・9％、女性89・1％であり、その年代の半数以上は既に結婚していたので、男性であっても93％以上、女性であれば95％以上の人が既婚、もしくは結婚希望者だったことになる。結婚を希望しない未婚の若者は、男性でも未婚者の6・3％、女性では4・9％（不詳があるので合計が100％にならない）に過ぎなかった。既婚や離死別者を加えた世代全体からみれば、男女とも4％に満たなかったのである。現在の中年未婚者の大多数は、若い頃は結婚を希望していたことになる。

離別に関しても、通常、結婚した時点で将来の離婚を予測する者はまずいないので、離別独身者の大多数は、予定外の独身といってよい。死別でも、該当者の配偶者は同年代であった人が大部分である。つまり、50代までに亡くなったと推定される。平均寿命が男女とも80歳であることを考えると、ほとんどが結婚した当時には予期せぬ形で独身者となったと推測される。

つまり、50代で配偶者がいない人の大部分は、未婚、離別、死別にかかわらず、いわば「不本意」な独身者ということができよう。この不本意な独身者が増えていることが、様々な問題を生み出す背景となっている。

近年日本社会において、独身者の社会問題化の方向は2つある。1つは、「70―40（ナナマルヨンマル）問題」「80―50（ハチマルゴーマル）問題」また「中年ひきこもり」、さらには

「子ども部屋おじさん、おばさん」というネーミングまで現れるように、親と同居する中年独身者に焦点を当てたものである。もう1つは、孤立や貧困という視点から「ひとり暮らし」もしくは「ひとり親」の独身者に焦点を当てるものである。

□中年親同居未婚者の将来

「70―40問題」とは、70歳前後の親と40歳前後代の独身の子が同居している状況を表した言葉である。「80―50問題」は、「70―40」の10年後、つまり、80歳前後の親と50歳前後の子が同居している状況である。親子の年齢差が平均約30歳なので、このような言い方が一般化した。

先に述べたように、2019年内閣府によって、40～69歳の中高年ひきこもりの人数が61万3000人と推計する調査が公表され、話題になったこともある（中高年ひきこもりと中高年親同居独身者はイコールではないことには留意する必要がある）。

親同居の中年独身者すべてが、今問題を抱えているというわけではない。むしろ、親子共々経済生活上、心理的にも満足しているケースが多いだろう。親が70～80歳位であれば、まだ健康であることが多いし、経済的にも資産を形成し、十分な年金に恵まれている世代である。中年の子どもは、親の家の一部屋を占拠したまま、家賃を払わなくてもよいし母親に食事を作ってもらえている可能性が高いだろう。親の方も、子どもが多少なりとも働いていれば、いくばくかのお金を入れてもらえれば家計の足しになる。要支援、要介護の親が1人いても、子どもは介護、支援要員としてお金を払わずに使うことができる。心理的にも、日本は親子関係が密なので、淋しくはない状態にあるだろう。

もちろん、中高年の独身者とその親の生活状況は多様である。何といっても、先にみたとおり、2015年時点で中年親同居未婚者（35～44歳）は、300万人いるのである。子どもが無職、そして、ひきこもりの場合、心理的コミュニケーションの困難もあるかもしれないが、経済生活では完結していることが多い。というより、完結しているから、親同居が維持されているともいえる（完結しているとは、外からの援助の必要なく生活しているという意味である）。そして、完結しているからこそ、現在すぐに解決すべき喫緊の課題とはならないのである。

問題は、将来、特に親の介護状況が深刻化したり、親が亡くなった後の経済的困窮、心理的孤立が今後の社会問題として浮上する。20年後には、現在の70代、80代の親世代はほぼ亡くなり、独身の高齢となった60代、70代の子どもが残されるわけである。親の年金は引き継げないし、親が建てた家、買ったマンションも老朽化が進んでいるだろう。自分の年金が十分ある正規雇用者であった独身者なら大丈夫だが、収入が少なかったり、ひきこもりであった独身者は、経済的に自立することが困難な状況に直面するはずである。現在であっても、後述するように、家族がいない高齢者をどのように処遇するか、問題になっている。そのような高齢者が大量に、

図表 5-8 「将来、高齢になって下記のような不安がありますか」の回答

（全体、％）

	大いにある	ある	あまりない	ない
① 経済的に十分な生活ができなくなる	45.6	31.5	14.3	9.6
② 十分な介護が受けられなくなる	42.2	36.9	12.9	8.1
③ 孤立して寂しい思いをする	34.2	34.3	20.4	11.1
④ 孤独死してしまう	41.7	33.0	15.7	9.5

（注）マクロミル社のインターネットモニター委託調査。サンプル数 1,126 ケース。学術振興会・科学研究費から助成を受けている。

（出所）「50 代独身者の生活に関する調査」2022 年 2 月 9 ～ 11 日実施。

何百万人レベルとなる20年後、どのような状況になるのか、誰もわからない。なぜなら、世界的に前例がないからである。また、高齢生活保護世帯が増える中、現在でも福祉水準が徐々に切り下げられている。今の孤立した高齢者よりも生活水準が低下するのは確実である。

この世代は、「きょうだい」がいる可能性が高いが、近年はきょうだい同士の助け合いは少なくなっている上、きょうだい自身も高齢化している。きょうだいが結婚して子どもがいる場合で、独身のきょうだいを積極的に支援することは難しいだろう。なぜなら、結婚しているきょうだい自身の生活も余裕がないケースが多いからである。社会学者平山亮氏が述べるように、きょうだいにとっては独身のきょうだいは助け合いの資源というより、リスクとして考えられるようになっている（平山亮ほか［２０１６］『きょうだいリスク』）。（山田［２０１６ａ］

『家族難民』も参照)。

親同居未婚者たちは、将来自分がどうなるかというモデルがないので、将来不安を持つ者が多くなる。図表5－8は、私が行った50代独身者調査(未婚、離死別、親同居、ひとり暮らしなどを含む)の結果の一部である。

詳しくは、論文(山田[2022])を参照していただきたいが、収入が少ない人、子どもがいない人に将来不安が高いことがわかっている。

□孤立するひとり暮らし独身者

もう1つは、主に単身者に焦点を当て、その脆弱な経済基盤と社会的孤立を問題視するものである。これは、戦前にも「単身者」が問題とされたり、近年は「ひとり親女性」の貧困状態が問題にされた。ただ、戦前は都会に出てきたひとり暮らしの若者、ひとり親の問題化に関しては、主に未成年の子どもを育てている母親に関しての問題化であって、多くの子どもが成人に達している50代が注目されることは少なかった。

しかし、近年は、中年独身者が増えるにつれ、ひとり暮らし独身者の孤立が問題となっている。中年親同居独身者は、高齢とはいえ、経済的、心理的にサポートしてくれる親がいる割合が高い。

図表5-9　普段のできごとをよく話す相手

（%）

	いない	両親	兄弟姉妹	その他家族親族	恋人	同性の友人	異性の友人
男性未婚独居	54.1	11.5	10.6	2.3	5.0	27.6	8.8
親同居	20.7	64.8	17.8	4.2	10.3	29.6	8.0
離死別独居	36.4	13.1	14.1	4.0	20.2	31.3	15.1
親同居	30.8	41.0	12.8	7.7	12.8	30.0	10.3
女性未婚独居	27.1	20.3	22.0	11.0	7.0	41.7	7.7
親同居	10.4	64.3	21.7	7.8	11.1	48.0	7.4
離死別独居	21.2	14.4	17.3	19.2	16.3	40.4	8.7
親同居	8.9	48.9	22.2	33.3	11.1	33.3	11.1
他同居	8.0	18.6	21.2	46.9	10.0	29.2	11.5

（出所）50代独身者調査　家族形態別「普段のできごとをよく話す相手」（MA、抜粋）、山田（2022）「中高年独身者の生活実態と将来不安」。

先ほど紹介した私の調査でも独居の中年独身者の孤立が際立っている。特に、女性より男性の孤立度は深い。「普段のできごとをよく話す相手」として、男性未婚でひとり暮らしの人は半数以上がいないと答えている（図表5-9）。石田光規・早稲田大学教授の調査でも、男性単身者の多くは、普段外に出ず、テレビばかりみているという結果になっている（石田［2011］『孤立の社会学』）。

この図表をみると親と同居している独身者の多くが、よく話す相手として両親を挙げている。両親が亡くなった後、孤立に陥らないという保証はない。

□無縁死（孤立死）問題の発生

大量の中年親同居独身者が、生活上、心理的に困難な状況に直面していることを述べてきたが、経済的に生活できる人であっても、また、現在親と同居している独身者であっても、将来の「孤立」の問題に直面する。

ＮＨＫスペシャルで「無縁社会」が放送されたのが２０１０年であった。無縁死３万２０００人の衝撃という副題がついた番組は話題を呼び、その年の流行語大賞も受賞している。無縁死、孤独死などと呼ばれるが、定義は様々で、病院で亡くなっても遺体の引き取り手がいないというケースから、たとえ家族が他の場所に住んでいても、誰も知られずに自宅で亡くなるというケースまで含まれる。亡くなる時にそばに誰もいない、もしくは、亡くなった後死者の「世話」をする人がいないことと定義しておこう。

当時の年間死亡数は約１２０万人、うち３万２０００人は、約３％弱に当たる。これは、１９３０年生まれの人（２０１０年当時は80歳）の生涯未婚率（男性２・６％、女性４・４％）に相当する。生涯未婚が孤立死に即直結するわけではない。この世代は、きょうだいが平均４人いるので、本人が未婚でも甥や姪がいるケースが多い。ただ、甥や姪に頼ることができにくくなっている社会になったことは確かだ。一方、結婚した人であっても、離別したり、子どもがいても仲が悪く孤立死に陥る可能性もある。その影響がオフセットされた数字かもしれない。

その率を単純に近年の生涯未婚率（約25％）に当てはめると、２０５０年頃には、孤立死が年間40万人に達する計算になる。

それゆえ、先の調査でみたように、将来孤独死するかもしれないという不安を持つ独身者が増えていくことは確実である。戦後日本社会は、すべての人に家族が存在している（子どもの時は両親、成人期は配偶者、高齢期は子）ことを前提に組み立てられていた。それゆえ、独身者は一時的な若者問題、もしくは例外として扱われてきたので、家族がいなくて孤立する中高年を制度的に扱う枠組みが存在していない。しかし、ここまで孤独死が増える見込みだと、家族がいないことを前提とした仕組みを考えなくてはならない時期に来ている。

２０２１年、日本政府もイギリスに倣って内閣府に「孤独・孤立対策担当室、担当大臣」を作ったが、どのような対策がうたれていくのか、まだ明確ではない。

少なくとも、家族から孤立した人をどのように処遇するかが、今後の日本の大きな社会問題になっていくことは間違いない。

5_3 若者に広がる新たな格差

□親ガチャ――太い親、細い親

近年、「親ガチャ」という言葉をよく耳にするようになった。2017年頃からネット上のスラングとしてあったようだが、2021年に流行語大賞トップテンに選ばれて以降、マスメディアに頻出するようになった（『朝日新聞』では、2020年9月に紙面に初登場する）。

ガチャとは、いわゆるゲームセンターや店頭にある「ガチャガチャ」のことで、お金を入れてカプセルが出てくる機械になぞらえている。そして、その中身は、欲しかったものであることもあれば、必要のないものが出てくることもある。それは、事前にはわからない。つまり、「当たり」と「外れ」がある。つまり、「親ガチャ」とは、自分の親の当たり外れのことである。子どもはどの親の元に生まれるのか選ぶことができない。

経済的に豊かで地位もあり、インテリジェンスで性格も穏やかな親の元に生まれるのと、経済的に貧しく非インテリジェンスで暴力的な親の元に生まれるのでは、日常生活水準の差だけでなく、学校選択も含め、将来のチャンスが異なってくる。その格差を「運」として捉える、つまり、運命だから仕方がないと諦める態度が、「親ガチャ」という言葉に込められた意味なのではないか。

実は、成功している大人たちは、この言葉をたいへん嫌う。そして、教育関係者もたいへん嫌う。生まれはどうであっても、本人の努力で将来はなんとかなると信じたい世代だからである。しかし、若者は自虐的に使用する場合が多いように見える。「親が貧しくても将来逆転できる」と努力するのでもなく、「親によって将来に格差ができるのはけしからん」と社会に対して異議申し立てすることもない。つまり、若者が親による格差を格差のまま受け入れさせてしまうマジックワードが「親ガチャ」なのではないだろうか。

□親世代の経済格差の拡大——奨学金問題

さらに、学生の会話に耳を傾けていると、親が「太い」とか「細い」といった表現がよく使われていることに気づく。「親が太いから留学できた」とか「ウチの親細くてバイトしなくてはサークル活動できないよ」などのような発言だ。

近年、奨学金という名の学費ローン問題、「高等教育費用の負担問題」も注目されている。日本では、高校卒業後、大学や専門学校など高等教育機関の費用は原則親が出すことになっている。そして、大学授業料は高騰する一方、親の世代の収入は伸びず、何より格差が目立つようになる。なぜなら、平成になると経済格差が進行した世代が結婚し、親になり、その子どもが成長して高等教育年齢に入ってくる。例えば、正規雇用同士で結婚して子どもを育てている親と非正規のひとり親では、子どもにかけることができるお金には格段の差があるだろう。親がいくら子どもにお金をかけたくても、それができない親が増えている。そこで、学生支援機構の奨学金に頼ることになる。

図表5-10にあるように、現在では大学や専門学校に通う学生の約半数が学生支援機構の奨学金を借りている。ということは、卒業したら半分の学生は、借金を背負って社会に出ていくのに対し、半分の学生は主に親に出してもらっているおかげで、借金というハンデがない。このように、卒業生の間で分断ができてしまっているのが、現在の日本の状況である。

これは、すでに何度も書いたが（拙書『日本の少子化対策はなぜ失敗したのか？』）、学生に「どんな人とつきあいたいか」とアンケートを採ったとき、ある学生が「奨学金を借りている人とはつきあってはいけない」と親からいわれたと書かれていてびっくりしたことがある。将来の結婚生活を考えた場合、奨学金返済負担がある人とは結婚したくないと考える人がいてもおかしくない。このような形で日本は未婚化、少子化が一層進むのである。

余談だが、私も親が貧しかったので、大学院時代（1981～86年）、奨学金を当時の日本育英会から借りて生活していた。しかし、当時は「返済免除制度」が存在していた。それは、大学など教育研究機関に就職すれば、就職期間に応じて結果的に返済免除になるという規定で

図表5-10　日本学生支援機構の奨学金を借りている学生の割合

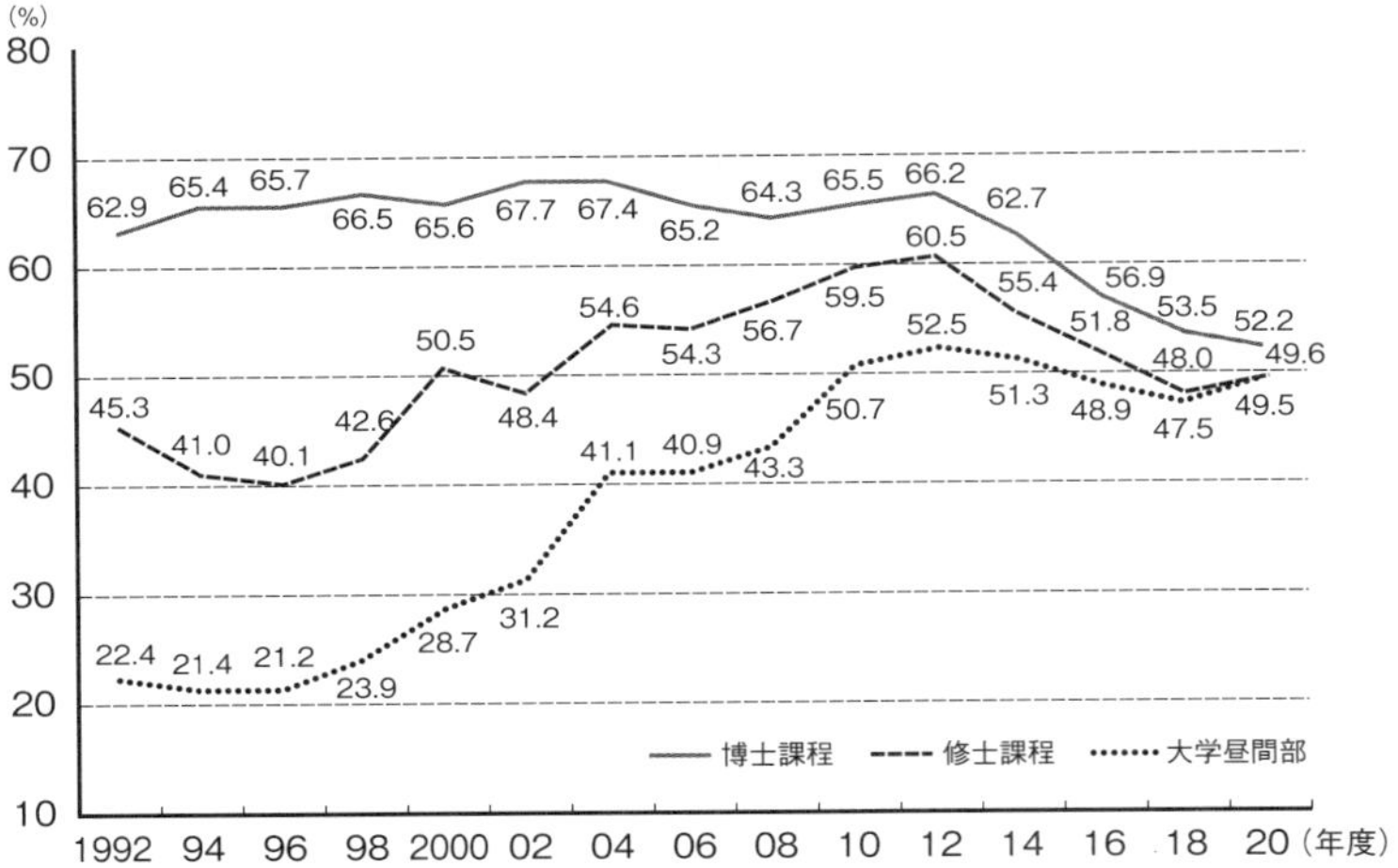

（出所）ガベージニュース。

ある。これによって、安心して研究に励むことができ、大学院修了後すぐ東京学芸大学に就職することができ、20年勤務して無事に返済免除となった。事実上、給付されたのである。

そして、当時の勤務先の東京学芸大は、教員を目指す学生が多く、奨学金を借りている学部生が多かった。なぜなら、「学校教員」になれば、借りていた奨学金が返済免除になるからである。進路の幅は狭まるが、親がそれほど裕福でない学生にとってはたいへん魅力的な制度であった。当時は入寮費が安い大学寮もあり、地方から進学する学生にとっては、親の仕送りに頼らなくても大学生活ができるようになっていた。

これは、戦前、「師範学校」の学費が

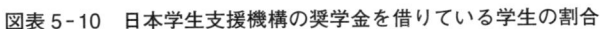

無料だった名残である。戦前は、義務教育は小学校までだった。今以上の格差社会だったので、庶民の子にとって、大学どころか中学校（旧制）でさえ行くことは費用の面で無理であった。その中で、進学したい優秀な子は授業料免除の師範学校に行き、小学校の先生となって身を立てることができた。さらに優秀であれば、高等師範学校にまで行け、無償で専門の高等教育を受けられ、中学校（旧制）、女学校や大学の先生を目指すことも可能だった。今以上の格差社会の中で、貧困層で学力のあるものを救済し、能力を発揮させ社会を活性化させる制度だった。そして、教員になった彼らは、国への恩返しとして、意欲を持って近代日本の公的学校教育を担ったのである。その制度を引き継ぐ形で、戦後、「教員になれば奨学金返済免除制度」ができたのだ。貧しい親の元に生まれても、教員免許を取って学校に就職すれば返済免除になる制度に救われた学生は数多かったと思われる。

しかし、日本育英会から日本学生支援機構に組織が変わり、大学院の奨学金返済免除制度は大幅に縮小。そして、大学段階の返済免除制は廃止になった。その結果、裕福ではない親の元に生まれた子にとって、大学院進学や教員を目指しにくくなってしまった。これが日本の科学技術発展の停滞、そして、教員のなり手不足の原因であるというのはうがった見方だろうか（戦前、学力だけでなく体力のある男子には、陸軍幼年学校、海軍兵学校という道も用意されていた。それらは、今でも給料まで支給される防衛大学校、防衛医科大学校となってそのシステム自体は残っているが、規模はとても小さい）。

□非経済的教育格差

最近、学習塾（学研）のテレビCMで「学力（認知能力）だけでなくやりぬく力（非認知能力）も伸ばす」というコピーが使われていた。「非認知能力」という概念がここまで広がっていることに驚いた。

新しい経済の下では、単に学力だけでなく、教養やコミュニケーション能力、さらには英語会話力やデジタル機器を使う力といった、従来のペーパーテストでは測れないような能力が重視されるようになっている。詳しくは前著『新型格差社会』に書いたので、簡単に述べると、親のインテリジェンスや地位によって学力だけでなく、非認知的能力を伸ばすことにも格差が出てくる。自信を持って仕事をしている両親をみれば、やる気も出てくる。さらに、英語力や情報機器に関しても、普段から英語を仕事で使用している親や、家でもパソコンなどで仕事をしている親をみていれば、子どもも英語やパソコンを身につけるのは当然と思うようになるだろう。これは、いわゆる社会学者ブルデューが指摘した「文化資本」が親から子どもに相続され、それが現代社会での職業的成功に大きな役割を果たしていることを意味している。

親の状況によって、経済的負担という意味でも、職業的能力という意味でも、若者は、社会生活をスタートする段階で格差がついている社会になっている。

そして、この格差は、コロナ禍によってさらに拡大していることは、後に述べる。

□格差の日本的特徴——格差の固定化

以上みてきたとおり、世代内でも世代間でも、「格差」が本人の努力ではなかなか縮まらない状況が広がっている。

それは、親による格差が広がっただけでなく、「日本的雇用慣行」「性別役割分業型家族」の存在も一役買っている。

崩壊すると言われながら、多くの企業で、新卒一括採用システムはいまだ健在で、卒業時に正規雇用になれたものは、賃金上昇カーブが緩くなったとはいえ、年功序列システムのため、安定した収入の増加が見込める。

一方、卒業時に正規雇用になれないなど、一度非正規雇用になった者は、一生不利を背負い、豊かな生活を築く見込みがなくなる。女性にとっては、正規雇用者と結婚できなかった非正規雇用女性も同じく、将来に希望が持てなくなる。つまり、希望格差が深化し、一種の諦めの感覚が格差の下にいる若者の間に広がっている。

経済の低成長、そして人口減少もあり、日本社会は「やり直しのきかない」社会になりつつある。

つまり、親の経済格差が子どもに受け継がれ、若者の経済格差（雇用格差）が一生続くことが見込まれる社会、つまり、格差が世代間でも世代内でも固定化される社会になりつつある。

それが明らかになったのが、新型コロナ禍とともに始まった令和の初頭なのである。

□コロナ禍で格差拡大が加速化

令和日本は、コロナ禍と共に始まったといってもよい。もう多くの人は過去の出来事と捉えようとしているが、コロナ禍によって、格差拡大の事実が顕在化、そして、深刻化したことは否めない。

仕事の面をみてみよう。コロナ禍で多くの仕事が失われた。日本的雇用慣行の下では、制度の内側にいる労働者、つまり、正規雇用者の雇用や給与は保証され、非正規雇用は「調整弁」として、不況時には解雇されるのが一般的であった。それが、極端な形で現れたのが、コロナ禍であった。コロナ禍の行動制限で、打撃を受けたのは、サービス業、外食などの飲食業、そして、観光業である。このような業界では、零細企業や自営業などが多く、また多くの非正規雇用者で成り立っている。さらに、キャバクラなど、接待を伴った飲食業や性サービス業界も打撃を受け、多くの女性スタッフが職を失うこととなった。
また、リモートワークも普及した。しかし、リモートワークが可能なのは、専門職、管理職、事務職など一部の恵まれた職に限られるのも明白である。ある会社では、多くの正社員はリモートワークも選択できるのに、補助業務を担う非正規雇用者は出社を強要されるということが起きたという。また、清掃、工事、建設、修理点検、運送など現場の労働者はリモートワークがそもそも不可能である。正規雇用者であれば選択肢が多く、健康の安全度も高いのに対し、非正規雇用者の安全度は相対的に低くなったという意味で、正規雇用―非正規雇用格差が拡大したのである。

家族格差も拡大する。令和に入り、結婚や出産数が低下の一途を辿ることは、規模が大きい団塊ジュニア世代（１９７０年代前半生まれ）が、結婚出産年齢から離れていくことから人口学者により予測されていたことであった。しかし、コロナ禍によって健康上の理由はもちろん、非正規雇用者を中心に将来の収入にリスクを感じる人が増えたという経済的な理由で結婚を控えた人が増えたと考えられる。その結果、コロナ禍前の２０１９年には、結婚59万９００７組、出生数86万５２３９人（確定数）だったのが、２０２３年には、結婚47万４７１７組、出生72万７２７７人（概数）となっている。４年間で、結婚は約20％減少、出生は約15％減っている。結婚の減り方が大きいのは、出産は約10カ月前の結果なので、コロナ禍の影響の時間差があるからである。

一方離婚は、２０１９年20万８４９６組に対し、２０２３年は18万３８０８組、離婚が多い若い夫婦数も減っているので、減少はしているが、減少幅は12％と結婚減少幅より小さい。日本は、10組結婚すれば、４組離婚する時代に突入している（図表５‐11）。

つまり、経済的不安から「性別役割分業型家族」を作ることができない若者たちの増加が加

図表5-11　令和の結婚・出産・離婚の推移

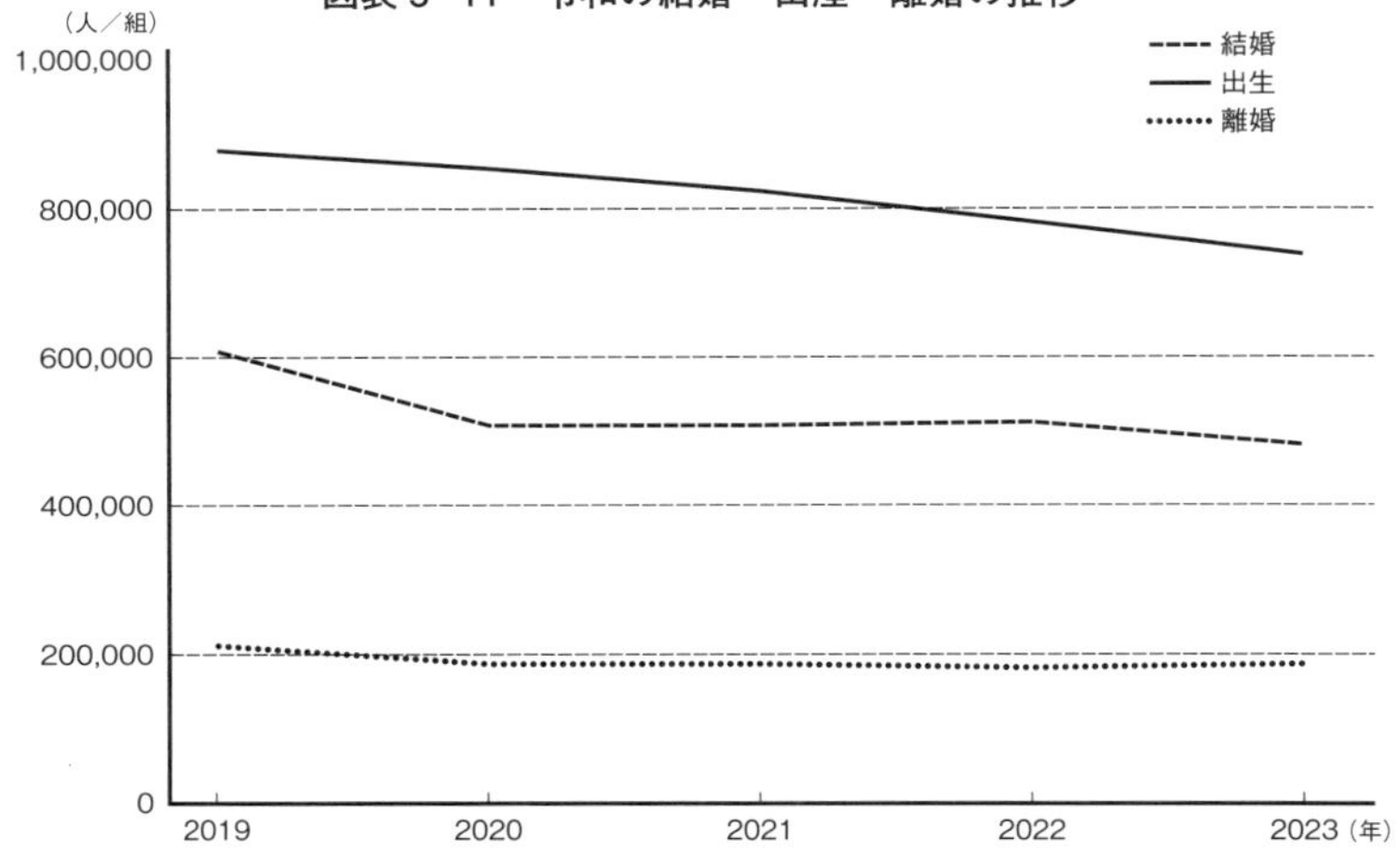

（出所）厚生労働省「人口動態統計」より作成。

速化したのである（これに関しては、山田［2024b］「コロナ禍が家族に与えた影響」を参照いただきたい）。

さらに教育格差も拡大した。コロナ禍で、自宅学習やリモート学習が増えた。これによって、学校に行っている間の教育環境の平等が破壊された。家庭で過ごす時間が増えたということは、学習環境に与える親の影響がますます強まるということである。家でパソコンや英語を使ってリモートで仕事をしている親なら、子どもに様々なことを教えることができるし、親が専業主婦なら子どもの勉強を監督できるだろう。しかし、親が教育熱心でなかったり、現場で共働きだった場合、子どもは家の中に放置されることとなる。家でリモート学習が可能といってもWi-Fi環境が整っている家は、ある程度所得に余裕のある家庭に限られる。親のインテリジェンスによる格差は拡大する。つまり、コロナ禍は、学校に行っている間の平等を破壊したのである（これに関しては、山田［2021］『新型格差社会』参照）。

第6章

バーチャルで格差を埋める時代

6_1 格差の拡大・固定化

令和になった日本社会は、これまでみてきたように、様々な領域で格差の拡大、固定化に直面している。そして、経済の低成長、いや、ゼロ成長が続くということは、将来、収入増加によって、格差を縮小させることができるという「将来への希望」を失う人が増えるということである。

このような格差の拡大・固定化を、日本人、特に若者はどのように受け止めているのだろうか、これが本書の一番の問いかけである。

その私なりの答えが、日本人は、リアルな世界で格差を乗り越えることを諦めて、「バーチャルな世界」で格差を埋める方向に進んでいるというものである。この対応が、現代日本社会の特徴になっていると考えている。

本章ではこのロジックを考察していく。

6_2 現世で希望が持てない人の行き場

第4章では、平成時代に、現実の世界で格差拡大が進行し、豊かな生活への希望が持てない若者が増えたことを示した。そして第5章では、令和に入ると、かつての若者が年齢を重ね、「豊かな家族生活」を形成できず今後も形成する見込みのない中高年の人々が増えつつあることを示した。

戦後、昭和の時代までであれば、若者は、親が裕福でなくとも格差を乗り越えられると信じることができた。そして、実際に、真面目に努力していれば、多くの人は現実に豊かな家族生活を実現していったのである。

では、現実に格差を乗り越えることが難しくなった現在、努力しても将来豊かな家族生活を築く見込みがないと考える若者が増えている。彼らは、格差に対してどのように対応するのだろうか。

第3章の復習をしてみよう。前近代社会では、「宗教」が現実のつらい生活を耐える心の支えとなっていた。キリスト教であれ仏教であれ、現実の格差は来世で解消され、宗教を信じてさえいれば、死後幸せな生活を送れることを宗教が約束していた。それは、常に死が隣り合わせの社会であり、人々が死後の世界を意識せざるを得なかった状況が影響しているだろう。しかし、近代社会になり科学主義が広まると同時に、宗教的意識が薄れていく。何より、医療水準の上昇によって長寿化が進行する。政府の福祉政策などもあり、現役世代で亡くなる人は徐々に減少していく。いわゆる日常生活で「死が意識されない時代」に突入した。多くの人は、現役時代、高齢者になる前に亡くなる可能性を、とりあえず脇において生活することができる社会になった。

そして、今、日本など先進国では、人生100年時代といわれている。若者は、あと60年、70年は現世で生活することになるのだ。「死んだ後に望みの生活が待っている」といわれても、たとえ宗教を信じていたとしても、生きている間、何十年の苦難を耐え忍べというのは、酷な話である。

では、将来において豊かな生活が期待できない若者、現に豊かな生活ができていない若者、そして、将来豊かな生活から転落するかもしれないと思う若者は、どのような希望を持って、何十年も生きていかなければならないのだろうか（図表6－1）。

もちろん、現世で努力して、豊かな生活の形成が見込める人々、現在の豊かさを維持できる人々は、未だ多数存在している。しかし、将来、豊かな生活を作り出すことは不可能、現実における格差を縮めることはもはや無理と考える人々が、若者を中心に無視できないくらい増えているのが現状である。

図表6-1　人生の諦め感

Q.　あなたが40歳くらいになったとき、どのようになっていると思いますか。

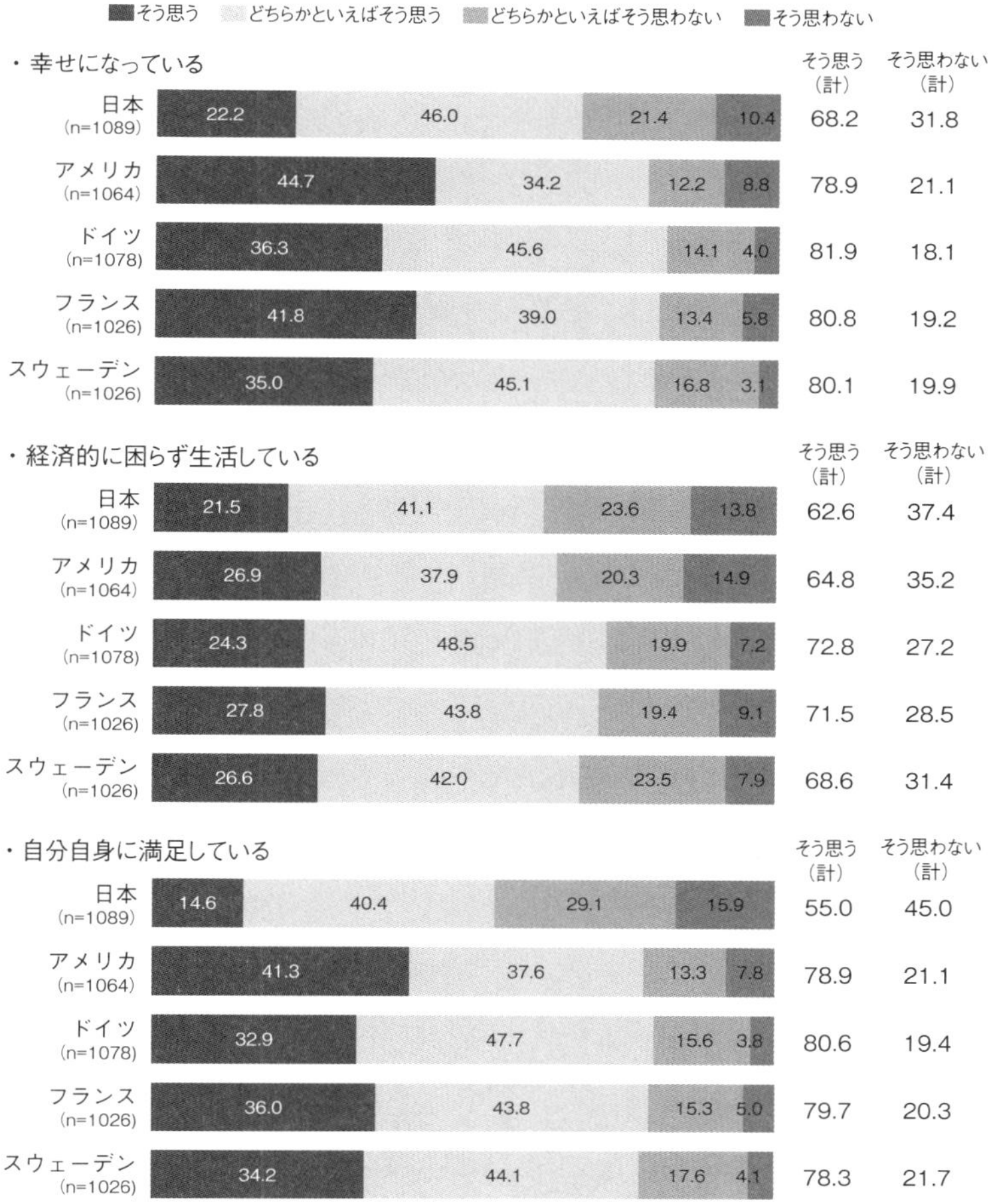

（出所）こども家庭庁「我が国と諸外国のこどもと若者の意識に関する調査」（令和5年度）。

欧米でも経済格差は拡大している。特に福祉制度が発達していないアメリカでは、中流階級の没落の不安、社会から見捨てられた人の増大などが起きているといわれている（ホックシールド［２０１８］『壁の向こうの住人たち』など）。その中で、強力なカリスマ的指導者を求める動きが強まる。自分の貧困や収入低下の原因を移民や弱者への福祉予算支出、マイノリティへの優遇措置などに見いだし、移民排斥や福祉切り捨て、そして、マイノリティへの差別などを求め、それを強力に主張するカリスマ政治家、政党がヨーロッパやアメリカで力を伸ばしている。といって、強力なカリスマを持つ指導者は、現実に格差を解消する政策をとるというよりも、不満を持つ人々に心理的なカタルシスを与えるスローガンを打ち出しているのが現実だが、そのスローガンにすがろうとする人々が増えているのも事実である。

また、中には前近代の世界観に回帰し、原理主義的な宗教に希望を見いだす人々もいる。現世への絶望が深ければ深いほど、来世への期待が強まる。来世での救済を約束する原理主義的宗教に救いを求め、現実世界のつらさに耐える。その代わり、現世で稼いだお金を教団に差し出すのであるが。

しかし、日本では、強力なカリスマ的指導者は現れない。そもそも、日本では、一神教的な文化がなく、むしろ、「世間体」を重視する。人と違った思想や行動、特に、政治的に過激と人から思われることをたいへん嫌う。そのため、政治的カリスマが現れても追随者は少数であり、原理主義的宗教の広がりも、小規模なものに抑えられている。

では、現実世界に希望を見いだせず、将来も不安な人々はどこにいくのか。

私は、リアルではなく、バーチャルな世界で、「希望格差」の代償を求めていると判断している。つまり、「バーチャルな世界」が前近代社会の「宗教」の代わりをしているということができる。

このロジックは、見田宗介（私の大学時代の指導教官の1人でもある）の「理想の時代」――現実の中で理想を実現していこうという意識が高い時代、から「虚構の時代」――虚構の中で満足を求める時代、への変化を下敷きにしている。見田は、1975年頃を理想の時代から虚構の時代への転換点とするが、私は、「虚構」が具体化して一般の人々に広がっていくのが、平成時代だとみている（見田宗介［1996］『現代社会の理論』、［2018］『現代社会はどこに向かうか』）。また、大澤真幸（こちらは大学院時代の同級生でもある）は、理想の時代の次に「不可能性の時代」の到来を予言している。今後どのようになるのかは、私は未だ見通せないが、多くの人々の意識レベルでは、今後も虚構の時代が続くのではとみている（大澤［2008］『不可能性の時代』）。

6_3 バーチャルで格差を埋める人々が急増

2000年前後、厚生省（当時）の依頼で非正規雇用未婚者のインタビュー調査を行った。東京だけでなく、北は青森、南は鹿児島まで出かけ、正規職についていない未婚の若者に話を聞きまわった。その調査結果を分析に基づいて書いたのが『希望格差社会』である。当時は、若者に将来どのような人生を送りたいか尋ねると、「ロックスターになる」「声優になる」「おっかけをしているバンドのボーカルと結婚する」「（高収入の男性と）結婚して専業主婦になる」など、当時でもなかなか実現が難しいと判断をせざるを得ない夢を語る者が多かったことが印象的であった。しかし、現実に行っているのは、夢とはまったく関係のない仕事、ファスト・フードやコンビニのアルバイト、一年契約の役所の非正規公務員、中には肉体作業系のバイトの掛け持ちでダブルワークしている者もいた。

そこで、「休日に何をするか」と聞くと、地方の男性非正規雇用者の大多数、そして、女性も何人かが「パチンコ」と答えていた。非正規雇用のため、現実の仕事で努力がなかなか報われない。努力しても、せいぜい時給が多少上がるだけで、多くは誰でもできる単純作業である。しかし、パチンコの世界では、早く並ぶ、当たるパチンコ台を素早く探す、そして、技術を磨くなどすれば、その「努力が報われ」、時々大当たりすることがある。大当たりすれば、一時的に高揚感を得ることができる。もちろん、一部のパチプロを除けば、トータルでいえば金銭的には損をする。そうでなければ、パチンコ業界は成り立たない。とすると、パチンコ業界(競馬など他のギャンブル業界も同じ)は、リアルな世界ではなかなか報われない非正規雇用者であっても、パチンコをし続けていれば、いつかは「努力が報われる体験」(大当たりする)という「感情」を売っているのではないだろうか。

つまり、非正規雇用者でパチンコで高揚感を得る人たちは、2つの世界を生きている。1つは、非正規雇用者として昇進もなく低賃金で働く世界である。こちらは、一生懸命働いても認められることがなく、将来性もない。つまり、努力しても報われないことを実感する世界である。もう1つは、パチンコをしている世界である。こちらは、努力すれば報われて、大当たりが出て、高揚感が得られ、周りからもうらやましがられる。今では、ネットゲームの世界に浸る人が多いのも、「努力が報われる体験」が得られるのが理由ではないかと思われる。

また、2003年、ペットに関するインタビュー調査を行った。もちろん、ペットを飼っている人のペットへの接し方は様々である。ペットを飼ったおかげで、夫婦仲がよくなったというケースもある中で、独身者、結婚していても夫婦仲が悪い中年女性にペットとの交流だけを生きがいにしている人が何人もいた。つまり、家族形成がうまくいかなかった人が、その代わりにペットを家族とみなし、「理想的な家族のあり方をペットに投影している」との仮説を立てた。その結果は、2004年に『家族ペット――やすらぐ相手は、あなただけ』にまとめている。

これは、リアルな世界で家族が持てなかったり、不満があり、親密な関係が持てない人が、ペットとの関係性で「親密な関係」を体験しているといえないだろうか。こちらも、2つの世界を生きていると考える。

つまり、日本では、現実の世界では、格差が埋まらず、努力が報われるという体験ができない代わりに、バーチャルの世界に浸ることによって、現実に存在する経済格差や家族格差をみないようにしているのではないか。次節では、その諸相を考察していく。

6_4 日本におけるバーチャル世界の広がり

パチンコやペットなどは、「努力が報われる」「家族で親密な関係を楽しむ」ことをバーチャルに体験できるシステムと位置づけることができる。そのようなシステムが日本で広がっているのは、リアルな世界で、「努力が報われる」そして「家族で親密な関係を楽しむ」という体験が徐々に減少しているからだと思われる。

1つには、非正規雇用や未婚者が増大して、「豊かな家族生活」を作るということを諦める人が増えているからである。それだけではなく、たとえ正規の仕事に就き、結婚して子どもを育てている人であっても、「努力が報われていないのではないか」「求める愛情が得られていないのではないか」と感じている人が増えているからともいえる。

ここでいうバーチャル世界を「疑似仕事」と「疑似家族（恋愛）」に分類していく。戦後日本の人々の希望が、将来「豊かな家族生活を築く」であれば、そのプロセスに、必ず「仕事」における希望と「家族形成」の希望が含まれている。しかし、リアルな世界で豊かな家族生活への希望が失われると、生きる希望を、豊かな家族形成という「大きな物語」ではなく、部分的に「疑似仕事」「疑似家族（恋愛）」という物語で別々に求めることが行われる。

疑似仕事とは、パチンコのように、努力が報われてその成果が人から評価されるものをいう。ゲームやマニア、いわゆるオタク的趣味の世界で、努力することである。

疑似家族、疑似恋愛とは、ペットに愛情を注ぐ人のように、親密関係をリアルな家族（配偶者や子ども）ではないものに求めるものと定義しておく。例えば、恋愛感情の対象としてスターやアイドルなど「推し」を選んだり、キャバクラなどのスタッフやホストなどに癒やしを求めるなども含まれる。

2つ、予め留意しておきたい点がある。

もちろん、リアルな世界で努力が報われて「豊かな家族生活」を形成している人（若い人はリア充と呼ぶが）、豊かな生活に向かって努力が報われると思っている人であっても、時々「努力に疲れる」ときがある。そんなときに、バーチャルな世界で遊ぶこともあるだろう。例えば、定職があり出世も期待できるが、時々パチンコに行く、家族に不満はないがペットとも仲がよいなど、リアルな世界で希望があるが、バーチャルな世界も楽しむことができるという人は多いだろう。さらに、リアルな世界でも成功しているし、バーチャルな世界でも努力が報われるよう感じられる、つまり、両方の世界で充実している人ももちろん存在する。必ずしもリアルな世界とバーチャルな世界が背反しているわけではないという点に留意しなければならない。ただ、本書では、リアルな世界で努力が報われないと思っている人に焦点を当てているだけである。

もう1つは、リアルな世界が上で、バーチャルな世界が下というように、上下関係があるという立場は取らない。リアルな世界の体験とバーチャルな世界での体験に差があるかというのは、古くからある現象学での哲学的問いであった。リアルな世界で仕事で稼いだ結果、預金通帳の数字が増えて喜ぶのと、バーチャルな世界でゲームの得点が上がって喜ぶのと、どちらが本当の喜びかというのは理論的に決めることはできない。この点は、また、後の章で考察することにする。

6_5 疑似仕事の世界

仕事に希望が持てた時代

戦後から1990年くらいまで、つまり昭和時代までは、ほとんどの男性にとっては「仕事」に希望が持てた時代であった。望めば正規雇用者として就労でき、努力すれば、年功序列システムの中で収入はアップし、管理職に昇進していった。つまり、努力が目に見える形で評価されたのである（もちろん、その裏には、女性差別的慣行があったのだが）。そのような中で、多くの男性は、希望を持って仕事に励むことができた。その結果、収入が増え、豊かな家族生活を送ることが可能な収入を得たのである。

女性の場合は、1985年に雇用機会均等法ができるまでは、キャリアが築けるような希望が持てる職業に就くことは一般的ではなかった。教員や資格が伴った専門職など一部の職に限られていた。多くの女性にとっての職は、結婚までの腰掛けとしての一般職やパート職であって、仕事で努力してもそれに見合った評価が受け取れるケースは少なかった。しかし、「家事・育児」を仕事と見立てれば、夫や子どものケアをしていれば、夫は出世し、子どもが学歴をつけるという形で、それを成果として感じていた人も多かったと思われる。家事育児を頑張っていれば、その成果として夫の収入が上がり、豊かな生活を享受でき、子どもの学歴を自分の努力の結果と信じることが容易だった。そういう意味で、家事・育児に仕事としての希望を持つ人も多かったと思われる。

□夢見るフリーターの出現

しかし、1990年代以降、すべての男性が正規雇用で将来に希望が持てる職業に就けるわけではなくなった。仕事で努力してそれが報われて、昇進したり、収入が上がることが感じられない職に就かざるを得ない人が増大する。また、正規雇用者であってもブラック企業の社員や業績の上がらない中小企業従業員などは、努力に見合った評価や収入が得られない状況が広がる。

雇用機会均等法以降、女性もキャリアを続けて希望が持てる仕事に就くことができるようになった。いわゆるバブル時代は、若い女性にそのような期待が広がったことは事実である。しかし、皮肉なことに雇用機会均等法が成立してしばらく経つと、バブル経済が崩壊し、派遣労働なども広がった。その結果、男性と割合は異なるにしろ、リアルな仕事で希望が持てない女性の数はそれほど減らなかったのではと考えられる。さらに、「家事・育児」を努力が報われる仕事とみなすという意識も、徐々に薄れていく。頑張って夫や子どもの世話をしても、その成果が実感できないこと（思ったように夫が出世しなかったり、子どもが期待通りの学校に行けないなど）が広がると、家事などの無償労働を単なる負担と思う女性が増える（多くの男性にとっては家事分担をすることは、単なる負担と感じることは従来通りだと思われる）。

その中で、平成時代に出現したのが、「夢見るフリーター」という存在である。「フリーター」という言葉は、バブル経済まっさかりの1990年頃、リクルート社によって広められた言葉である。フリーという英語と、アルバイトというドイツ語を組み合わせた和製外国語である。当時は、「将来、やりたいことを仕事にするために定職に就くことはせず、アルバイトを転々とする若者」というイメージで語られていた。私が2000年頃に調査した非正規雇用者の中にも、そのような意識を持つ若者はある程度存在した。

これを仕事と希望という観点からみると、リアルな仕事の世界を2つに分裂させ、1つは、「努力が報われてほしい仕事の世界」、もう1つは、「努力が報われない仕事の世界」である。声優やロックスター、プロ野球選手になるため、努力をする。しかし、それでは生活できないので、成功するまで生活費を稼ぐためにアルバイトする。夢見るフリーターたちは、前者の「なりたい職業」の夢の世界で努力が報われてほしいと希望を持ち練習に励む。後者の現実にお金を稼ぐアルバイトの世界では努力が報われないものと割り切っている。

また、女性にとってみれば、「専業主婦になる」という意味での婚活（もしくは、待ってい

るだけの人も含めて）も疑似仕事の一種だと考えられる。収入の高い人と結婚して、「家事・

育児」をしていれば生活が豊かになる専業主婦という「地位」を目指す。一方で、現実の仕事

はアルバイトや一般職で、昇進や昇給はほとんどない。将来、家事や育児をして、婚活という

努力が報われるということを信じて、リアルには努力が報われない仕事を続けるという姿がみ

られたのである。

これらのケースを反転させれば、現実には努力が報われない仕事で生活をしているが、それを埋め合わせるために、「なりたいもの」の世界で、今現実にしている努力が実って成功するという将来の夢をみるのである。

しかし、大多数の夢見るフリーターは、努力している世界で成功できない。世の中に、声優やロックスター、野球選手で生活できている人は、志願者に比べて圧倒的に少数である。私がインタビューした人たちは、だいたい30歳前後であった。20代前半ならチャンスがあると思えても、30代になれば、さすがに「夢のような仕事」で将来成功するのは無理に思えてくるだろう。私がインタビューした「プロ野球選手志望」の20代後半の男性は、日中バッティングセンターで練習し、深夜ファストフード店のアルバイトで生活していた。毎年野球選手の採用テストを受けに行くが、すべて落ちたといっていた。

彼らは、「努力は必ず報われる」とか「愛は勝つ」といった言葉にすがっているようにみえた。もちろん、中には成功する人が存在していることは確かである。しかし、成功者は圧倒的

少数であることも現実なのである。

□文化移民

平成時代のもう1つの「夢」のあり方が、社会学者・藤田結子が名付けるところの「文化移民」である。彼女によると、ダンスなど「アート」の習得を目的に米英に渡った若者の多くは、現実の日本の仕事世界では成功の見込みがないため、海外留学という道を選び、将来の成功を夢見る存在であったことを、詳細なインタビュー調査によって示した。これは、夢見るフリーターの海外版であるといえよう（藤田結子［２００８］『文化移民』）。

しかし、そのほとんどが夢を諦めて、結局は日本に帰って夢とは関係ない分野で就職したり、また、希望のない非正規の職に戻っていくというのも、夢みるフリーターの相似形といえる。

□疑似仕事で格差を埋め合わせる

現実にしている仕事で努力が報われないと感じ、さらに、将来就きたいと思う仕事（専業主婦も含む）にも努力しても就けないと思う人たちの行き場が、バーチャルな世界である。リアルな仕事とは別の所で、努力が報われる場を、「疑似仕事」と呼んでおく。

疑似仕事には、様々なものがある。その代表例は、先に述べたような「パチンコ」である。もちろん、パチンコは換金ができるということで現実世界と多少つながりはあるが、一部のプロを除けば、基本は、経済的には「消費活動」に位置づけられる。しかし、客観的にみれば消費であるが、彼らにとっては一種の仕事的な意味を持つ。それは、その世界で「努力すれば報われる」と思うことができるからである。

同じことが、様々な形のゲームの世界でみられることである。今の若い人は、パチンコよりもネットゲームの世界にのめり込む人が多いという印象である。50年前であれば、喫茶店のインベーダーゲームやリアルに人と対戦する麻雀だろう。今はゲームセンターも衰退気味で、個人所有のゲーム機、パソコン、スマホなどに中心が移っている。中身は、『ドラゴンクエスト』が典型だが、基本は、様々な課題を乗り越えて、努力して技術を磨けば、結果が得られるということである。ソーシャル・ゲームでは、参加している人同士で助け合いながら、課題を達成することもできる。これらは、「疑似成功体験」つまり「努力が報われるという感情」を売るシステムといってよい。

もちろん、リアルな場で成功体験を感じることが可能な人であっても、時々、バーチャルな世界で疑似成功体験を感じたいということはある。しかし、現実に仕事で成功体験が感じられない人にとっては、バーチャルな体験のみが、希望の場となるのだ。

15年以上前、私の大学のゼミ生が「ゲームセンターに集まる人」を調査して卒論を書いたことがある。その中で「仕事なんてつまらない、ゲーセンに来れば、仲間がいて、高得点を出せばみんながほめてくれる」という語りが典型としてあったのが、印象的である。彼らにとって、現実の仕事は、ゲームの世界に浸るお金を稼ぐためだけの単なる手段。だから、単純でつまらなくても耐えられる。努力が報われるという生きがいは、ゲームの世界の方にある。

インターネットが発達した現代では、わざわざゲームセンターまで出向かなくても、自宅でネットゲームをしていれば、仲間と出会え、協力しながら課題をこなして、高得点を得る（敵を倒す）という成功体験を得ることができる。それが通勤途中の電車の中でも可能なのだ。

まさに現実の希望格差をバーチャルな世界で埋め合わせている。

□疑似仕事としてのマニア、オタク

一昔前、昭和の時代には、マニアというと特殊な趣味の世界であり、オタクと言えば「1人で部屋に籠もり、公には言えないものを密かに集めているネクラの男性」というイメージがあった（例えば、大塚［2016］『「おたく」の精神史』）。

ここでは、「オタク」を、1つのことにこだわり様々なモノやデータを収集して楽しむ人と定義しておこう（小出［2023］『オタク用語辞典　大限界』）。

そして、平成を通じて、そのオタク、マニアに対する評価は好転し、令和に入ってからは、イメージが好転しているだけでなく、人数的にも増え、女性の参加も増えている。これにもリアルな仕事の世界での希望の喪失の進行を背景にして、マニアやオタクがしていることが「疑似仕事」化しているのだと解釈している。

マニアやオタクの基本は、「収集」という努力にある。たいへんな努力して、特定の分野の様々なグッズや情報、そして、体験を収集することにお金や時間をつぎ込む。そして、その収集物が、何らかの形で、その仲間たちから評価されることを目指す。つまり、リアルな仕事の世界のバーチャル版を趣味仲間の間で作っているともいえる。そこには、鉄道オタクや釣りのような伝統的で確立された趣味世界もあれば、アイドル・オタク、コスプレ趣味など比較的新しい世界もある。

もちろん、趣味のコミュニティは、昔からあった。例えば、鉄道マニアは、社会学者の辻泉中央大学教授が調査しているように、戦前から存在していた（辻泉［2018］『鉄道少年たちの時代』）。しかし、一昔前は、富裕層である一部の好事家がたしなむものであり、少数の仲間と楽しむことが多かったと考えられる。昔は、その多くは、リアルな世界でも定職を持ち、趣味の一種として別の世界を楽しんでいる。つまり、努力が報われる場をリアルとバーチャル、2つ持っていたと言えるだろう。もちろん、今でもそのような人も数多くいることは確かである。

ただ、平成を経て令和となってからは、「マニア」の世界は、ゲーム世界と同じように、「成功体験」をリアルで得られなかった人にとって、その体験をバーチャル世界で埋め合わせる機能を持つようになっている。

それは、インターネット世界の発達と関連している。特殊な趣味を持つ人であっても、同じ趣味の人とつながりやすくなり、ネット上でのコミュニティが作りやすくなる。すると、共通の趣味を持つ人たちの間で、お互いの努力を認め合う場が形成される。

リアルな仕事の世界では、お金をメディアとして、努力が報われるということが実感できる。努力の成果は収入という形で確かめることができる。それと相似形の構造として、ネット・コミュニティの世界では、いわゆる「いいね」というコメントがメディアとなり、ヒット数という形で可視化される。ネット上で読まれ肯定的に評価されるしるしである。「いいね」がたくさん得られれば自分の趣味上の努力が評価されたという実感を得ることができる。

疑似仕事をまとめておこう。

現実の職業世界とは別の場で、「努力が報われる」ことが可能な世界が存在している。1つは、パチンコやゲームの世界で、得点（パチンコの場合は玉数）がお金の代わりをしている。バーチャル上の得点が増えるという形で努力が報われることを実感することが可能だ。そして、マニアやオタクと呼ばれる世界がある。そこでは、努力すれば、同じ嗜好を持つ仲間からの肯定的評価を得ることができる。

そして、オタクやマニアの世界では、一種の趣味の前での平等が実現する。現実の職業世界では、親によって与えられた子ども時代の教育環境、その結果としての学歴がものをいう。特に新卒一括採用の社会では、どの学校を出るかによって、努力が報われる仕事に就けるかどうかが決まると思える社会である。しかし、リアル世界で不利であっても、バーチャル世界に来れば、基本、スタート地点は平等だと思える。もちろん、バーチャルな世界でも、リアルな世界でお金を持っている人の方が、有利ではある。例えば、ゲームなどでは課金というシステムが存在しているが、それが負担できないから絶望を感じることはリアルな世界よりも少ないだろう。

まさに現実世界では埋まらない格差を、バーチャル世界で埋めることで、生き続けるための「希望」をつなぐことができるのだ。

6_6 疑似家族、疑似恋愛の広がり

続いて、疑似家族に移ろう。

戦後、昭和時代の希望、「夫は仕事、妻は家事で、豊かな生活を築く」の中には、親密関係を築くことが含まれているとみなされてきた。

近代社会において、孤立せずに親密な関係を作ること、自分を大切にし、必要と思う人との関係を作ることが、幸せな生活に必要だと思われるようになった。

戦後、昭和の時代には、ほとんどの人が結婚し、多くの人が子どもを産み育て、離婚しないまま高齢を迎えることができた。これは、人生切れ目なく「自分を大切にしてくれ、自分を必要としてくれる家族」が存在していたということだ（たとえ、それが幻想で信じられているだけであったとしてもという留保条件を一応つけておくが）。

しかし、第5章で述べたように、平成時代に未婚化や離婚の増大が進行した。その結果、配偶者がいない人が中高年にまで広がっている。そして、若者の間では、交際相手がいない若者も増大している（図表6-2）。もちろん、日本では親同居未婚者が多いので、独身者は、親との間で親密関係を作っている人も多い。ただ、それが持続可能ではないことは、第5章でみてきた。

親密関係にも様々な要素がある。その中でも、まず、「好きだという気持ち」を満足させるような親密性の行き場を考えたい。

さらに、日本社会では、すべての夫婦関係が親密関係を保っているというわけではない。私の調査によれば、夫婦関係は二極化する傾向がみられる。既婚者であっても、仲がよくていつも一緒にいる夫婦もいれば、離婚したくても子どもや経済的理由でできないために、配偶者との間に親密性を実感できない人も増えている。現実に、セックスレス夫婦も増大し、現役夫婦

図表 6-2　交際相手がいない未婚者の増大

男性

（%）

	1982年	1987年	1992年	1997年	2002年	2005年	2010年	2015年	2021年
①交際している異性はいない	36.8	48.6	47.3	49.8	52.8	52.2	60.2	69.8	72.2
②友人として交際している異性がいる	36.8	23.6	19.2	15.3	11.3	14.0	9.4	5.9	4.2
③恋人として交際している異性がいる	17.1	19.4	23.1	23.3	22.4	24.3	22.8	19.7	19.8
④婚約者がいる	4.8	2.9	3.2	2.9	2.7	2.9	1.8	1.6	1.3

女性

（%）

	1982年	1987年	1992年	1997年	2002年	2005年	2010年	2015年	2021年
①交際している異性はいない	30.1	39.5	38.9	41.9	40.3	44.7	48.3	59.1	64.2
②友人として交際している異性がいる	41.8	25.4	19.5	15.9	12.4	12.9	11.9	7.7	6.0
③恋人として交際している異性がいる	18.2	26.2	31.6	31.6	33.1	31.9	30.9	27.3	26.0
④婚約者がいる	5.7	4.6	3.9	3.8	3.9	4.8	3.1	2.9	1.8

（注）「不詳」「その他」の回答選択肢があるため、合計は 100％にならない。特に 2002 年は 10％程度が「不詳」と突出して多いので注意が必要。

（出所）プレジデントオンライン「愛の分散投資 #4」2024 年 6 月 26 日。社会保障・人口問題研究所「第 16 回出生動向基本調査（結婚と出産に関する全国調査）」より作成。

図表6-3　セックスレスの増大

妻の年齢別にみた過去1カ月以内の夫婦間の性交の有無（%）

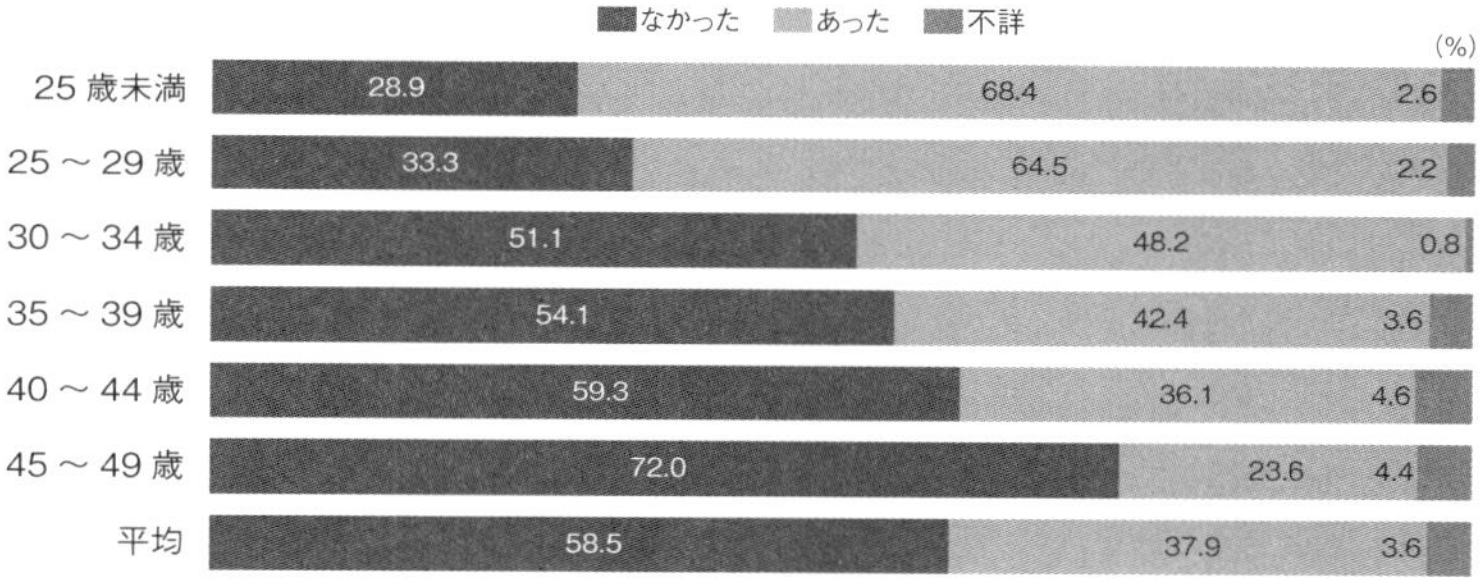

（出所）社会保障・人口問題研究所「出生動向基本調査」2021年より作成。

の5割以上がセックスレスという出生動向基本調査の結果も公表された（図表6-3、日本の夫婦関係の現状に関しては、詳しくは山田［2024a］『パラサイト難婚社会』を参照いただきたい）。

親密な家族がいなかったり、たとえ家族がいても親密性を実感できない人々が増えている。正確に言えば、親密性の格差が広がり、リアルな「家族」間で親密性を体験できない人が増えているといってもよいだろう。

その格差を埋めているのが、疑似家族、疑似恋愛なのである。

疑似家族、疑似恋愛には様々なタイプがある。おおざっぱに分ければ、次の3種類に分けて考察していく。それぞれ、①ペット、②推し、③お金で買われる親密性、である。①②は女性が多く、③は男性に多いという特徴はあるが、これらの関係は、性別を越えて広がっている。さらに、独身者だけではなく、既婚者にも広まっていることがわかる。

さらに、近年、情報技術の発達のおかげで、④VR世界上の親密関係の生成というべきものが出てきている。1つは、ネット空間に疑似的なコミュニティ世界が作られ、そこで出会った人と、その疑似世界上で交流して親密体験を得るという形、さらには、生成AIとのコミュニケーションを楽しむ人たちも出てきている。まだ、利用する人は少ないが、これも新しい形での疑似「親密関係」の一種だと考えられる（何度も断るが、「疑似」という言葉を使用しているが、それは従来リアルな関係上で体験されてきた親密関係に、似せて作られているという意味であり、その関係が間違っているとか、優劣関係があるということではない）。

□家族ペット

ペットを家族とみなす人々が増えていることは、私が以前から指摘してきたことである（詳しくは山田［2004b］『家族ペット』参照）。夫婦仲がよくて、さらにそれにペットが加わって、家族と同じようにペットをかわいがる人も多い。しかし、独身者や家族がいても仲があまりよくない人の、ペットへの入れ込み方は違う。インタビュー調査の中で、あるネコを飼っているひとり暮らし独身男性は「女性は裏切る、ペットは裏切らない」と話していたし、「夫よりワンちゃんが大事」という既婚女性の話を聞いたこともある。

図表6-4　ペットとの親密関係調査

		人よりもペットといる方が癒やされる ①+②（%）	ペットがいない人生は考えられない ①+②（%）
男性	ひとり暮らし	78.8	81.8
	配偶者同居	67.1	62.3
	親同居未婚	85.0	56.8
女性	ひとり暮らし	77.3	90.9
	配偶者同居	66.9	75.4
	親同居未婚	96.0	76.0

（注）犬 or ネコの飼い主限定（N = 487）、①＝そう思う、②＝どちらかというとそう思う。
（出所）ペットとの親密性調査（2022年10月実施）。

私が調査したペットとの親密関係調査からとった表をみてみよう（図表6‐4）。ペットを飼っている人にとって、「人よりもペットといる方が癒やされる」や「ペットがいない人生は考えられない」という質問に対しては、配偶者がいる人も含め、3分の2以上の人が「そう思う」「どちらかというとそう思う」と回答している。中でも、女性独身者の賛成率が極めて高くなっている（山田［2023］「ペットの家族化の進展とその帰結」参照）。

もちろん、仲良い家族がペットをプラスとして、家族成員として受け入れるというケースも多いが、家族形成をしていない人、家族とよい関係を築いていない人の親密性の受け皿になっていることは否めない。

さらに1999年にはペットロボットａｉｂｏがソニーから発売され、近年はＬＯＶＯＴなど、AI搭載ペットロボットも出てきている。いろいろな理由で実際に生きたペットを飼えない人の癒やしに役立っている。

□推しの広がり

近年、「推し」という言葉ができ、様々な「好き」という形がこの言葉で包摂されるようになった。具体的には、アイドル、スターやアスリートなどの実在の人物、アニメなどのキャラクターなどを好きになること。その好きを様々な形で表現する活動を「推し活」という言葉で表現している。

近年の推し活をみていると、その範囲が相当広くなっていることに気づかされる。例えば、「身近推し」というのは、学校や職場で身近にいる素敵な人にあこがれて、彼（彼女）を応援するというものである。身近推しを卒論で調査した元ゼミ生によると、つきあっている彼／彼女がいても、素敵なクラスメイトやサークルの先輩を好きと公言して、みているだけで幸せという人が男女区別なく存在しているという。一方で、バーチャルキャラクターである「初音ミク」と結婚したと宣言した男性が一時ニュースで話題となったように、リアルには存在しないキャラクターが好きで好きでたまらないという人も出てきている。

一昔前までは、「オタク」とか「おっかけ」と呼ばれたこともあるが、「推し」という表現を得て、「一方的に」、誰か、何かを好きになることがすっかり市民権を得た。ちなみに、先に引用した『オタク用語辞典 大限界』では、オタクの定義の中に推しという言葉が使われるまでになった。つまり、推しはオタクを含んだ概念、オタクも推しの一種という位置づけがなされている。

リアルな結婚、恋愛は、「双方向性」を前提としている。しかし、お互いが好きになって結婚するということが減少し、さらに、婚活などにより恋愛感情抜きで結婚するケースも増えてきている。友情結婚という言葉も出てきている。

また、配偶者が好きでなくなっても経済的な理由で離婚できないと考える夫婦も出てくる。すると、ペットと同じような形で、行き場がなくなった「好き」という感情の受け皿として、「推し」が広まったのである。

□お金で買われる親密性

3番目に、親密性をお金で買う、言い方が悪ければ、親密性を市場から調達することが行われている。ここには、様々なジャンルがある。

日本で一番普及しているのは、「接客を伴った飲食業」、つまり、クラブ、キャバクラ、ガールズバー、ホストクラブなどが代表例である。中でも、キャバクラは日本社会を特徴付ける業種といってもよいだろう。キャバクラを基準点として、その比較として、他業種が定義されるという傾向があるからだ。2000年頃から、「メイドカフェ」「バトラー・カフェ」という業態も出てきているが、これは、アルコールを出さない接客業として扱ってもよいだろう。キャバクラと同じように、お気に入りのスタッフを指名してお話しするというスタイルである。実は「猫カフェ」という業態も、店にいるお気に入りのネコと遊ぶことを目的に来る客が多いという（新島［2024］「私たちは猫カフェから何を得ているのか?」、赤川編［2024］『猫社会学、はじめます』所収）。また、ガールズバーやコンセプト・カフェという業態も、そこにお気に入りのスタッフがいて、彼女（彼）と話して親密な関係を楽しむことを目的とする客が多い。

近年は、「レンタルフレンド」「レンタル恋人」という業態も出てきている。さらにいえば、バーやスナックのマスターやホステス、飲み屋の大将や女将と親密関係を作るというのも、昔から一般的に存在していた。これも、単に「お酒や料理を楽しむ」ことだけが目的の客もいるだろうが、彼らとの会話を楽しみに来る、つまり、親密関係を体験しに来る客も多い。

これらの場で展開される親密関係は多種多様である。レンタルフレンドでは、単に「話し相手」や「遊び相手」を求める人が多い。レンタル恋人だと「恋人気分」を味わいたいという人が利用するだろう。誰でもよいからレンタルして一時的な親密気分を味わおうとする人もいれば、特定の人を指名し続けて、まるで友人のように行動する人もいる。（西本［2014］

『「おっさんレンタル」日記』）。

接客を伴った飲食業（クラブ、キャバクラ、ホストクラブ等）を利用する人の中には、特定のお気に入りのキャストと恋人気分を味わいたい、あわよくば店外で本当の恋人になりたいと、ロマンティックな感情も満足させようとする人もいる。キャバクラのキャストやホストなどには、お客のそのような感情を利用して、恋人のふりをしたり、性的関係も持ったりして、親密欲求を満足させるというケースもある。

また、性的快楽を調達する性風俗産業も同じような機能がある。日本で発達している性的サービス業（いわゆる風俗業）は、単に身体的な性欲処理と言うよりも、恋人関係を擬態して客を肉体的にも心理的にも満足させる傾向が強いという。

これらの産業は、単に、話したいという欲求や性欲を満足させるだけのものではない。「この人と親しくなりたい」という家族的関係、言うなれば、家族的な親密関係を満足させるために発達している。だから、レンタルフレンドからメイドカフェ、キャバクラ、ホストクラブや性風俗産業などでは、「指名」が重要な要素になる（猫カフェでは、指名しても当の相手がなつかないことがあるが）。特定のお気に入りを作ることが、これらに通う人の大きな目的なのである。それは、同じ店に通い続け、特定の飲み屋の女将やバーのマスターと親密な関係を築くことも、構造的に同一といえるのではないか。

つまり、少なくともサービスを提供される顧客にとっては、「疑似恋愛」「疑似家族」としての役割を果たしている。サービスを提供する側は、相手が疑似恋愛を体験できるように「感情労働」をするわけである。

「好きな特定の対象に対してお金を使うことに喜びを感じる」ということでは、お金で買われる親密関係も、これらも広い意味での「推し」の一種に分類することもできる。

□バーチャル世界での交流

近年はバーチャルリアリティ（VR）技術が発達し、リアルな世界に似せたバーチャル世界がネット上に作られ、そこで楽しむ人が出てきている。

私が話を聞いたある学生は、高校生の頃からVRコミュニティに参加し、様々な人と出会ってコミュニケーションを楽しんでいるという。自分の身代わりとなる「アバター」を作り、VRコミュニティに参加する。そこでは、自分の素性を明かさずともよい。ちなみに、性別も自由に選択できる。他の参加者と出会って、親しくなれば、一緒に話したり、遊んだりすることができる。彼は、リアルな世界の友達よりも、バーチャル・コミュニティの友達の方が親しみを感じると話していた。その中でデートして、バーチャルな恋人関係になる人もいるという。

私も、ヘッドセットをつけてお試し体験をしたことがあるが、いきなりバーチャルな3次元空間に入ったときのそのリアルさに驚いたものである。

もちろん、このようなコミュニティで遊ぶ人はまだ少数である。また、NHKのテレビドラマ『VRおじさんの初恋』（2024年放送）の中の主人公のように、現実世界では仕事にも希望が持てず、プライベートでも恋人どころか友人もいない中年男性が、バーチャル空間で、彼のアバターが別のアバターと出会い、ときめきや嫉妬心など様々な感情を体験し、アバター同士でキスも体験する。こんな人々が、今後増えていくかもしれない。

また、バーチャルリアリティ上に自分のお気に入りの彼氏（彼女）を作り、AIを利用して学習させて、まるで現実の恋人のように、実際に会話を楽しんだり、愚痴をいったり、悩みを聞いてもらうということを行う人も出てきている。

先に断ったとおり、「疑似」という言葉を仮に使ってはいるが、これは、バーチャル上の親密体験が下という意味ではない。どちらであっても、自分が必要とされたり、自分が大切にされるという体験を得ることができるという意味である。

果たして、リアルな親密体験とバーチャルな相手に関する親密体験に差があるのであろうか？　これは、先に述べたように哲学の分野でも1つのテーマになってきた。例えば、蓄音機ができたとき、コンサートで生の音楽を聴いて楽しむのと、それを電気信号に変えて再生したものを聞いて楽しむのに差があるのだろうか。リアルなコンサートでも、人の耳に入るのは、空気振動の波形に過ぎない。近年の技術により、「空気振動の波形」を再現することはますます容易になっている。たとえ差があったとしても、本人が満足していれば、音楽を聴いて楽しむという意味では、同じではないだろうか。

バーチャルな親密性にしても、本人が、一緒にいて楽しい、話を聞いてもらえた、ときめいてしまう、好きという気持ちを受けとめてもらえた、性的快楽に浸れた、という体験で満足していれば、リアルな体験であっても、バーチャルな体験であってもその効果は同じではないだろうか。

親密性に関しては、リアルの方が双方向的であり、バーチャルな関係は一方向的な関係であるから劣っているという議論もある。しかし、社会学者の片桐雅隆が指摘するように、親密関係が一方的であってはならないということはない（片桐［2022］『人間・AI・動物 ポストヒューマンの社会学』）。

さらに、リアルな家族や恋愛の関係が、双方向的で本当の愛情であるとは限らない。私は、夫婦関係をインタビュー調査する中で、夫は嫌いだけど離婚すると生活ができないから、仕方なく一緒にいるという女性に何人も会ってきた。うち、1人は、「夫が寝たきりになったら復讐しようと思っています」といい、「でも、夫は仲良い夫婦と思っているでしょうね」と答えていたのが、印象的だった。彼女は生活を夫の収入に依存しているがゆえに、夫に対して愛情があるふりをしているという。この夫婦の関係は、一回ごとにお金を払って親密性を偽装するキャバクラや性的サービス業での関係と質的に違うのだろうか。それとも、愛し合っている人同士の体験が本当の愛情で、少しでも損か得かという利害関心が入ると偽物なのだろうか。偽物とすると、現実の多くの夫婦の関係も偽物になってしまうのではないだろうか。

ここでは、哲学的議論にはあえて立ち入らないが、少なくとも、現代日本社会においては、バーチャル世界の親密性で満足を得て、幸せを感じている人が増えていることは確かである。

6_7 バーチャル関係の広がり

□平成・安全で平和な社会の秘密

以上みてきたように、平成時代には、日本経済はほとんど成長せず、給料はほとんど上昇しない。少子高齢化のせいで、現役世代が少なくなり、年金受給者が増大する。多少給料は増加しても、働く現役世代の税金や社会保険料負担が上昇し、その結果、現役世代の平均生活水準は、前の世代と比較して、徐々に低下する。

その中で、昭和の希望であった「仕事で努力すれば、報われる」「夫は主に仕事、妻は主に家事で、豊かな生活を築くことができる」「愛し愛されていることが実感できる家族がいる」といったことが、なかなか実現できない人が増えていく社会でもある。リアルな世界で希望を

図表6-5　今後の生活の見通し

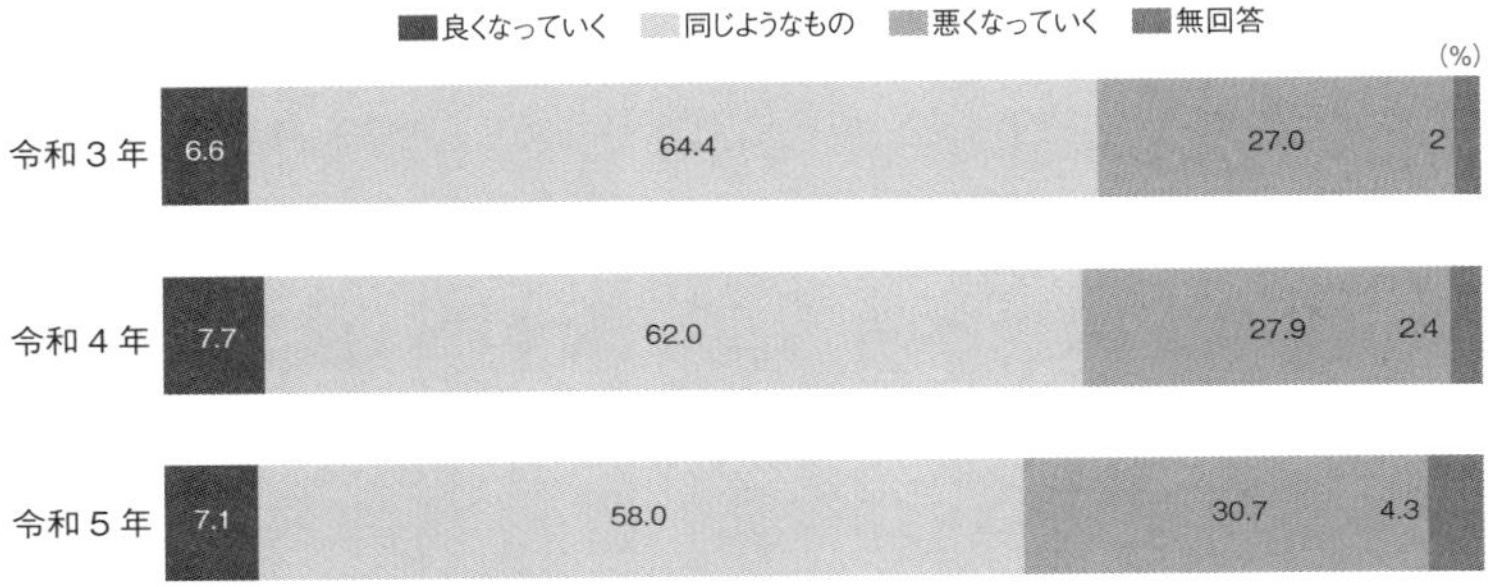

（出所）内閣府「世論調査」「国民生活に関する調査」より作成。

失っている日本の若者は、このような社会に対し反乱も起こさず、社会を変革しようとも考えず、政治的関心も失いつつある。政治に参加しても、現実の社会を自分たちが希望を持てるように変えることはできないと、諦めきっているのかもしれない。といって、犯罪率も低下しているように、個人的に逸脱行動に走る若者も一部に限定されている。

そして、令和になると、リアルな社会に希望を持てない層が、若者だけでなく、加齢によって、中年の人々にも広がるようになる。特に、平成の間、経済成長が鈍化し、家族を形成している中高年であっても、将来、経済的にこれ以上豊かな生活を作れないと感じる人が増えているのではないか（図表6-5）。

その中で、リアルな世界で希望が持てないなら、現実を変革しようとか、現実社会に対して反抗しようとするのではなく、バーチャルな世界で希望をみつけようとする人が増大している。そして、バーチャル世界で満足している人が多いからこそ、第1章で述べたように、「生活に満足している人」が増える。それが、経済が停滞しても、デモもストライキも起きず、犯罪も大きく増えない、日本社会が平和で安全な社会を保っている理由なのではないだろうか。

□調査にみるバーチャル関係の広がり

日本でのバーチャルな世界で満足を得ている人は、どの程度いるのだろうか。私が行ったもしくは加わった4つの調査の数字をみてみよう。それぞれ、調査年、調査対象、質問内容が異なっているので、バーチャル世界の広がりの目安の数字と考えてほしい。

まず、2010年に内閣府が行った調査からみてみよう。当時、少子化対策の資料にするため、私が主査を務めた研究会が行った家族形成(20〜39歳を想定)調査の中で、加えてもらった調査項目である。当時から、若者の間で結婚だけでなく、恋愛する人も減少している傾向が知られていた。そこで、結婚意欲との関連で、アンケートに加えたのである。

この調査では、バーチャルな恋愛対象をリアルな人物とバーチャルキャラクターの2種類に分けて聞いている。現在でいえば、「推し」に当たるが、当時はその言葉がないので、「恋することがあるか」という形で質問した。

「メディアの中のキャラクターや登場人物」に関しては、対象の若者の約1割、「身近にいないタレントやアイドル」に関しては、男性1割、女性2割程度が「恋をすることがある」と回答している。中でも、一度も恋人経験のない若年独身女性では、約3割の人が「メディアの中のキャラクターや登場人物に」、4人に1人が「身近にいないタレントやアイドルに」恋をすることがあると答えている。複数回答なので、重なっている人がいるにしても、「推し」という言葉がまだ生まれていない2010年当時でも、2割程度の若者が、リアルではなく、バーチャルな存在に「恋する」と回答している（図表6‐6）。

次に、2017年に明治安田生命生活福祉研究所（当時）現在は明治安田生命総合研究所が実施した調査に参加して行ったものをみてみよう（図表6‐7）。

ここでは、いわゆる「推し」に加えて、ペットと「売買される親密関係」を飲食を伴った接客系、性的サービス産業に分けて聞いている。質問は「恋愛対象にしていますか」に設定した。

ペットは数パーセントしかいないが、ペットを飼っている人は、全体の2割程度なので、ペットを飼っている人の間では相当の割合となっている。

続けて、2019年の私が代表を務める科学研究費の助成による調査をみてみよう（図表6‐8）。ここでは、ペットに関しては、「親密な関係を抱く」」、飲食を伴った接客業や性サービス産業に関しては、「通うかどうか」を指標として使っている。ペットに関しては、母数がペットを飼っている人限定である。

図表6-6　キャラクター等に恋をするか

Q. メディアの中のキャラクターや登場人物に恋をすることはありますか？

（%）

	既婚	独身恋人有	独身恋人経験有	独身恋人経験無
男性	5.3	7.5	8.0	14.6
女性	13.5	18.0	18.1	30.2

Q. 身近にいないタレントやアイドルに恋をすることはありますか？

（%）

	既婚	独身恋人有	独身恋人経験有	独身恋人経験無
男性	7.3	9.7	10.3	11.3
女性	15.6	18.3	20.2	25.3

（注）20～39歳、ネットモニター10,000サンプル。
（出所）内閣府「家族形成にかかわる調査」2010年調査実施。

図表6-7　恋愛対象について

Q. 次のような関係を恋愛対象にしていますか

A ペット　B アイドルやタレント、スポーツ選手など
C アニメ、ゲーム等のキャラクターなど、
D キャバクラ・メイドカフェ・ホストクラブなど、E 性的サービス産業

（%）

	A	B	C	D	E（1つ以上つけた人）
30代前半未婚男性	3.3	12.5	13.8	9.8	13.7（30.8）
既婚男性	4.1	11.8	5.8	13.1	14.6（28.4）
未婚女性	7.2	16.1	12.0	0.8	0.8（27.1）
既婚女性	2.2	13.9	7.4	1.4	1.1（19.9）

（注）ネットモニター（18～34歳、表示は30代前半のみ、サンプル10,304）。
（出所）明治安田生命生活福祉研究所「男女交際・結婚に関する意識調査」2017年実施。

図表6-8　バーチャル関係

（%）

	男性	女性
1. ペットと親密な関係を抱く	48.0	50.7
2. キャバクラやメイドカフェに行く	10.1	2.3
3. アイドルやスターに恋愛感情を持つ	14.3	18.0
4. アニメのキャラクターに恋愛感情を持つ	12.2	11.6
5. 性的サービス業に通う	16.3	1.4
6. ポルノをみる	83.0	14.3

（注）よくある、どちらかといえばある、の合算。1. はペットを飼っている人限定。
（出所）「家族形成に関わる調査」2019年1月、首都圏20～39歳、科研費。

最後に、2023年に行った「親密性調査」から全体の傾向をみてみよう（図表6-9）。

以上の調査結果からみると、バーチャルな世界に親密性を持つ人が一定の割合で広がっていることがわかる。

アイドルやキャラクター、アスリートなどに惹かれる人（近年は推し活をする人とほぼ一緒と思われる）は、男性より女性が、既婚者より独身者が、年長より年少者が多い。2022年の調査では、25～34歳独身女子の半数近くが、推し活をよくすると回答している。

キャバクラなど接客を伴った飲食業や性的サービス業に通う者は、女性に比べ男性が圧倒的に多いが、既婚と未婚ではほとんど差がない。これは、若年夫婦にも広がるセックスレスの反映とも解釈できる。

図表6-9　バーチャルな世界の親密性調査

Q. 普段次のようなことをしますか

	ほぼ毎日する	時々する	たまにする	めったにしない	したことはない
推し活をする	4.3	8.1	9.3	13.9	64.5
ギャンブル（競馬やパチンコなど）	1.0	7.2	8.2	21.6	62.0
スナックや居酒屋に行く	0.4	8.2	19.1	39.3	32.9
キャバクラやホストクラブ	0.3	1.6	3.4	15.5	79.2
性的サービス業に行く	0.3	2.1	4.9	15.9	76.2

	25～34歳独身		25～34歳既婚		55～65歳独身		55～64歳既婚	
	男性	女性	男性	女性	男性	女性	男性	女性
推し活をほぼ毎日する＋時々する	20.6	44.4	12.3	18.1	2.1	11.2	2.7	8.2
キャバクラやメイドカフェ、ホストクラブに行く	7.0	1.3	7.6	1.7	2.7	0	2.0	0.1

（注）マクロミル社・ネットモニター調査より［25～64歳、全体サンプル10,305人うち、既婚者6,389人、独身3,916人／科学研究費「パートナーの親密関係の変容に関する実証研究」課題番号20H01581の助成による。

（出所）マクロミル社・ネットモニター調査。

□広がるバーチャル産業

人によって中身は違うにしろ、現実生活に希望を見いだせない人が、バーチャルな世界での満足を得る例が広がっている。それが、バーチャルが人々を満足させる産業の発展を促しているのは皮肉である。

パチンコ店数は、全国に約7000店存在している(2023年警察庁調べ:7083店)。近年は、ネットゲームに押されて、閉店続きで、ピークの約半数とはいえ、地方に行けば、まだ男性の主要娯楽として君臨している。ちなみに台数はパチンコ208万台、スロット135万台が稼働している。パチンコ人口770万人(『レジャー白書』2023年)となっている。

ネットゲームなどが広がっているが、『ファミ通ゲーム白書』によると、ゲーム人口は5400万人(アプリ3959万人、家庭用ゲーム2856万人、PCゲーム1406万人―MA)と推定されている。もちろん、毎日やっている人はそれほど多くはないにしろ、日本人のほぼ半数がゲームに親しんでいることになる。

アイドルやキャラクター、アスリートを応援する「推し活」は、ほぼ1000万人の日本人が行っているとされ、8000億円産業(矢野経済研究所調べ)になっているといわれる(中山[2021]『推しエコノミー』)。

このような市場があり、競争が激しくなる中で、バーチャル世界での技術が磨かれるため、ゲーム産業やアニメ産業が、日本の大きな輸出産業になっているのは皮肉でもある。キャバクラ店は、全国に5万5000店程度とされる。一店舗在籍人数20人とすると、そこで働く女性の人数は100万人（アルバイト、ダブルワークも含む）以上と推定できる。女性労働力人口は約3000万人なので、働く女性の30人に1人はキャバクラで働いていることになる。若い女性に限るとその割合はもっと上昇する。一店舗平均20人客が訪れるとすると、毎日100万人程度はキャバクラを利用しているはずである。

接客を伴った飲食業は、キャバクラが大多数を占めるが、それに、ガールズバーやクラブなどを加えれば、さらに数が増える。メイドカフェは、アルコールが伴わないキャバクラといってよいかもしれない。飲食を伴わなければ、いわゆるJK産業といわれるものやレンタル恋人などのサービスも出現している。女性向けでは、ホストクラブは、全国で1000店程度あるといわれている。また、男女とも利用可能な、コンセプト・カフェという形態も広がっている。つまり、「お金さえ払えば」、自慢話を聞いてくれたり、愚痴をこぼせたり、相談に乗ってくれる「親密な相手」（社会学的にいえば感情労働をしてくれる相手）に不自由しないのが日本社会といえる。ストレスが多い日本でカウンセラーに行く人が、欧米に比べ少ないのもこれが理由である。

性的サービス業も広がっている。いわゆる性風俗関連特殊営業の警察庁への届け出数は、2023年で3万3270店（ただ、内約5000店はラブホテル）に上っている。こちらも一店当たり10人程度が在籍しているとしても、約30万人程度の女性が性風俗産業に従事していることになる。1990年代は援助交際といわれ、2015年頃からはパパ活といわれるように、ネットを利用した個人営業の事実上の性的サービス従事者も増えているといわれている。

ペット産業の発展も著しい。ペットに愛情を注ぐために、ペットに対する様々なサービスが用意されている（山田［2004b］『家族ペット』参照）。現役世代でペットがいる人は、約2割程度だが、「同じ布団で寝る」などペットとの間に親密関係を作り出している人は増している。ペットを家で飼えない人のためには、ネコカフェ等が用意され、先に述べたようにお気に入りのネコ（まさにキャバクラの指名制と同じ）とボディ・コミュニケーションをとることができる。2018年の調査では、全国で500店舗程度存在している。さらに近年は「保護猫カフェ」という形態も登場している。

□世界に広がるバーチャル産業

家族がいない人、家族がいても親密性が満たされない人が増えている結果、その欲求を満たすための様々なサービスが出現する。その結果、個人にとって、自分の欲求と所持金に見合った「親密性」を満足させるサービスが簡単に手に入るようになる。

そして、そのような競争の中で、バーチャルな世界で人々を楽しませる技術が磨かれる。その結果、コンテンツ内容が充実し、「クールジャパン」などと呼ばれて、輸出産業の1つとして位置づけられるようになった。

アニメのキャラクターやアイドルなどに惹かれる現象は、欧米社会では、子どものものだと思われてきた。いわゆるゲームもそうである。大人になって自立すれば、そのような「子どもっぽい」ものからは、卒業するものだという意識が強かった。

日本でも、昭和の時代までは、マンガやアイドルなどは、子どものものという位置づけだったかもしれない。しかし、平成時代を通じて、アニメやアイドルは大人の世界にも広がっていった。今では、少女アイドルのコンサートには中年の男女の観客も多くなってきた。ネットゲームの参加者の大多数は、成人男女である。その結果、目の肥えた大人にも通用するように、コンテンツを作り出す技術が磨かれ、世界で通用するものになったのである。

私は、大学教員生活40年の中で、海外からの留学生を毎年受け入れ、指導してきている。昭和の時代なら、日本の高い経済力に見習いたいという理由で来日した学生がいた。特にアジアからの留学生は、アルバイトで必死に学費、生活費を稼いでいた。

しかし、今世紀に入る頃から、そのような学生はほぼいなくなる。その代わり、ゲーム、アニメやドラマ、アイドルで日本語に親しんだという学生が増えてきた。ヨーロッパからの学生は、「婚活」や「レンタル家族」に興味を持ち、そのテーマで調査論文を書き、修士号を取っていった。東アジアからは、ポップカルチャー（アニメやドラマ）で日本に興味を持って日本語を学び始めた、せっかくだからと日本に留学したという学生を多く受け入れてきた。中でも、「腐女子」であると自称するＢＬ（ボーイズラブ）好きの女子留学生は何人も指導してきた。

旅行などでも、アニメやドラマなどで有名になった聖地を訪ねる外国人が多くなっているという。今後、日本は「大人向けの」ポップカルチャーが、「聖地巡礼」などインバウンド観光も含め主要な輸出産業になる時代が来るかもしれない。

私は、２０１４年に香港中文大学に客員教授として滞在していた。そこで見いだしたのが、日本のポップカルチャーの広まりである。（山田［２０１６ｂ］「サブカルチャー」『香港を知るための60章』所収）。メイドカフェあり、日本のコミケに相当するイベントもあった。ジブリの展覧会開催時には、大勢の香港人が並んで順番を待っていた。また、シンガポールに調査に行ったときには、「ＡＫＢ48カフェ」を訪ねたことがあり、インドネシアでは「ＪＫＴ48」のコンサートに行ったこともある。これは、少子化が進むアジア諸国で、「バーチャル世界」への耽溺が進行している1つの結果ではないかと感じている。

つまり、日本は、現実の経済格差、家族格差が広がる中で、「バーチャル世界」で格差を埋めるというシステムの先進国になっているのではないだろうか。

香港コミックワールド　2014 年

アジアに広がるバーチャル化
（香港のメイドカフェにて）　2013 年

第7章

江戸時代化する？ 令和日本

7_1 経済停滞期の人口減少

平成後期から人口減少が始まっていることは、既に述べた。2023年は、出生数は約73万人、死亡約158万人。一年で、約85万人の自然減少があった。つまり、赤ちゃんが1人生まれる間に2人以上亡くなっているという状況である。

日本の人口の歴史を調べていたとき、長期的にみて日本で人口が停滞、もしくは、減少傾向にあった時期は、大きく3つあることに気づいた。

それは、平安時代後期（1000～1150年）、江戸時代後期（1720～1850年）、そして、平成後期～令和初期（2005～）である（区切り年は概数）。

歴史学には素人ながら、おおざっぱに要約してみる。他の時期と比べ、この3つの時期に共通する特徴は、まず、戦乱がほとんどなく平和な時代であること。そして、社会制度が固定され変化が乏しいこと、階層格差が固定化していること、そして、日本固有の文化が栄えたことである。そして、私はこの5つの要素、「人口停滞」「平和」「社会制度の固定化」「階層、身分の固定化」「日本固有の文化」は、相互に関連していると考えている。

平安後期に関しては、奈良時代から平安初期までは律令制の成立と変質、度重なる遷都などの騒がしい時代であったのが、平安時代半ばには社会制度が安定し、貴族中心の荘園制度も確立していく。武士が台頭し内乱が始まる平安末期までの安定期ということができよう。源氏物語に代表される国風文化が盛んになった時期でもある。

江戸時代は、戦国大名による内戦に終止符が打たれ、徳川政権による平和が続いた時代。黒船による開国そして明治維新まで、社会制度も安定した時代である。百姓一揆はあっても、基本的な制度自体は揺らぐことはなかった。文化的にみると、元禄文化を経て文化文政時代に至ると、浮世絵や読本などの庶民文化が花開く時期である。

そして、明治維新以降は、西南戦争で内乱が終わったと思えば、次には日清戦争から太平洋戦争までは対外戦争と、戦乱にあけくれる時代になった。太平洋戦争で敗戦する1945年以降、日本では戦争も内乱もない平和な時代が80年近く続いている。そして、戦後、日本的雇用慣行から性別役割分業型家族、日本型福祉など戦後の日本の発展を支えた制度が形成されたのが戦後の昭和期であるなら、成熟したのが、平成期といえよう。そして、アニメなど日本発のポピュラー文化が広がり、世界的にも評価されるようになる。

つまり、平和で制度的に安定した時代では、その前半部分では経済成長を伴った人口増加が生じるが、成熟した途端、経済的にも人口的にも停滞する時代が続き、それを埋め合わせるように独自の文化が栄えるという構造がみられるのだ（図表7-1）。

特に、戦後日本の人口変化は、江戸時代（1603～1868年）の変化とパターンが似て

図表 7-1　人口が減少した 3 つの時代（年代は概略）

平安後期	1000 ～ 1150 年	安定した貴族社会
江戸後期	1720 ～ 1850 年	安定した武家社会
平成後期	2005 ～	安定した庶民社会

（出所）著者作成。

図表 7-2　日本の人口の変化

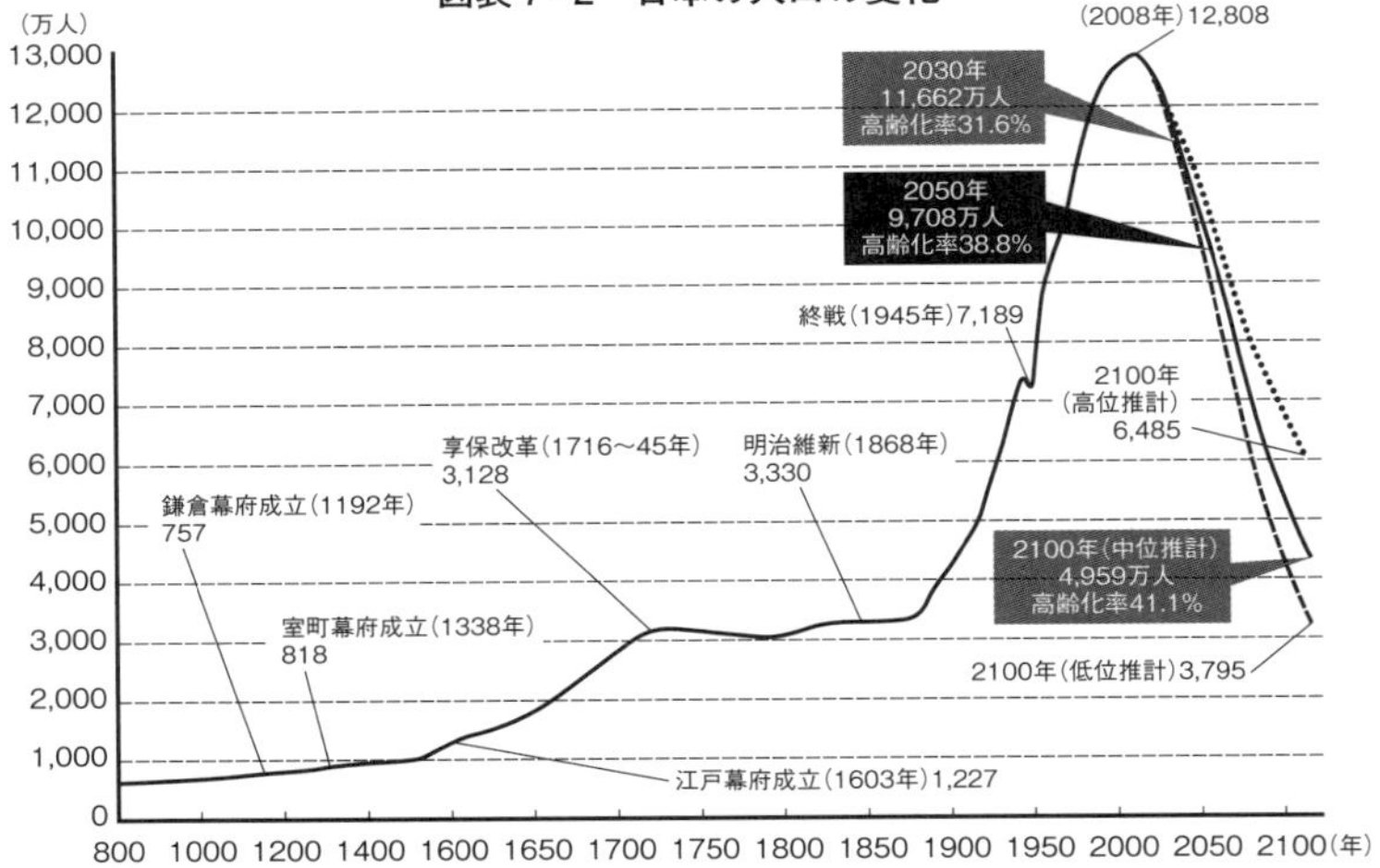

（出典）総務省「国勢調査」、国土庁「日本列島における人口分布の長期時系列分析」、国立社会保障・人口問題研究所「日本の将来推計人口」。
（出所）国勢調査、統計局「我が国の推計人口（大正 9 年～平成 12 年）」。

いる（図表7－2）。タイムスパンは違うが、戦後日本も江戸時代も、時代の前半期には大幅な人口増加が生じたが、後半期には人口が停滞している（もちろん、現代、この戦後という時代がどれくらい続くかは不確定だが）。人口だけでなく、経済発展や、文化状況をみてみても、似たような傾向がみられる。戦後日本社会の歩みは、江戸時代と似ているといったら言いすぎだろうか。

そこで、江戸時代の社会状況を簡単に私なりにまとめてみる。

7_2 江戸前期と江戸後期

近年、江戸時代の社会について、歴史人口学や歴史経済学の発展によって、様々な知見が得られている（速水融、鬼頭宏、寺西重郎など）。そこでは、同じ江戸時代といっても、江戸前期と江戸後期の社会状況には、大きな違いがあることが明らかになっている。おおざっぱにいって、江戸前期は、人口増加と経済成長の時代であった。人口は2・5倍に増え、経済成長が続いた。一方、江戸後期には、人口は停滞し経済成長もほとんどなかった時代といえる。江戸時代の転換点を、1720年頃に置く論者が多い。これは、八代将軍吉宗の時期（在職17

16～1751年）で、いわゆる享保の改革が行われた時期と重なる。江戸前期の自然に任せた経済成長の終了とともに、引き締めという形で「改革」を行わざるを得なくなった享保時代がまさに江戸時代の転換点であった。

江戸時代と戦後の日本社会との類似点をあげてみよう。

まず、江戸時代は、応仁の乱から戦国時代、織豊政権を経て、朝鮮出兵、関ヶ原の合戦まで続く長い戦乱の世に終止符を打ったところから始まった。江戸時代を通じて、対外戦争はもちろん、大きな内乱もなかった極めて平和な時代である。これが、約80年、戦争も大きな内乱もない戦後日本社会との第一の類似点である。

そして、時代を通じた経済と人口の推移をみてみると、江戸前半には、先ほど述べたように急速な経済成長と人口の大幅増加がみられた（図表7－3）。寺西［2018］によると、江戸前期（1603～1720年）は経済の「高度成長期」であり、その成長率は当時のヨーロッパをしのぐものだったという。新田開発で耕地面積は1・5倍に増え、肥料の使用など農業技術が進歩し、生産性が高まった。そして、平和の配当として全国規模で商品の流通が始まり、商業、金融業が発展し、その影響で商品作物の栽培や特産品の全国的規模での販売が行われるようになった。これは、藩の領域を越えて、日本全国が1つの経済圏となる一種のグローバル化と同じことが起こったということができる。しかし、享保時代以降、経済成長が限界に達し、それとともに人口も停滞、減少する時期も出てきた（速水［2022］『歴史人口学で

図表7-3　江戸時代の人口変化

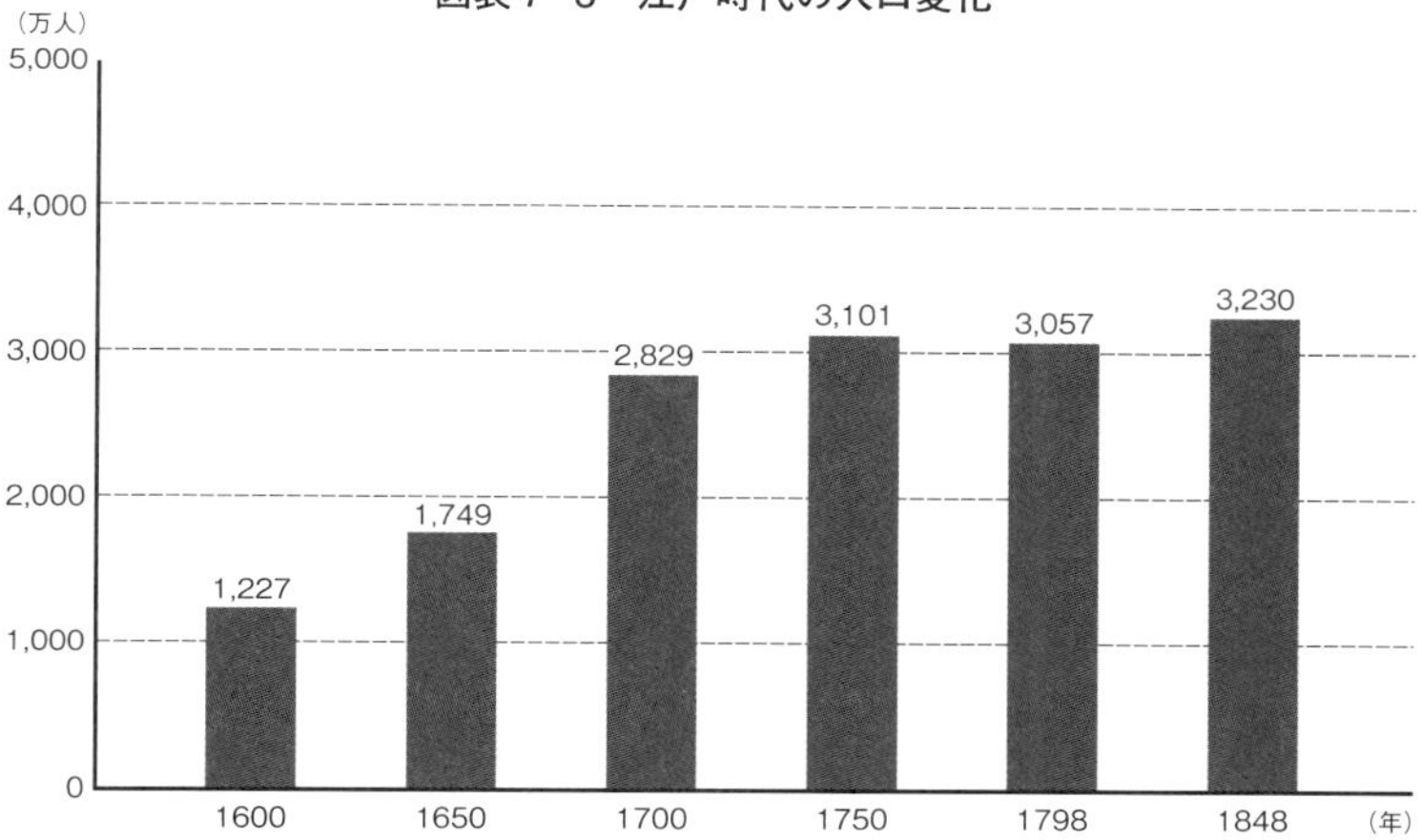

（出所）鬼頭宏『人口から読む日本の歴史』（2000）より作成。

見た日本』、寺西［2018］『日本型資本主義』）。

この経済状況は、第1章で述べたように、平成以降の日本社会に似ていないだろうか。多分、江戸時代も初期の頃よりも、中期以降の方が社会が安定した分、庶民も含めて生活に余裕が出てきていたのだろう。つまり、「生きるために必死に働かなくてはならない」状況にある人はそれほど多くはない社会ができたのではないか。

それは、文化の担い手にも変化を及ぼしたと考えられる。江戸前期の文化の作者や消費者は、いわゆる貴族や上流武士層などの一握りの社会の上層の人々であったのに対し、江戸後期になると、下級武士や商人、豪農層などに広がる。一部の金持ちを相手にするのではなく、庶民を含めた広い層が

図表7-4　江戸前期と江戸後期

江戸前期、人口増加、経済成長	元禄文化	理想の時代？
江戸後期、人口減少、経済停滞	文化・文政文化	虚構の時代？

（出所）著者作成。

文化消費者となったのである。

２０２４年に東京藝術大学美術館で、「大吉原展」が開かれた。そこでも、江戸前期の遊郭の客は、主に上級武士だったが、江戸後期以降は、商人や下級武士などに広がったという（「大吉原展」図録）。

それは、文化の内容にも変化をもたらした。江戸前期と後期の文化の特徴を対比して示したのが、思想家の梅原猛である。彼は、『写楽――仮名の悲劇』で、浮世絵師・東洲斎写楽の正体を調べる中、「元禄時代」に代表される江戸前期の文化は、歌舞伎の演目にしろ浮世絵の描かれ方にしろ、「理想」を描くものであるのに対し、「文化文政」に代表される江戸後期の文化は、理想というよりも、現実とは別の「夢の世界」を描くものに変わっていったという。素人の私からみても、元禄期の春信は理想的女性像を描くのに対し、江戸後期の例えば歌川国芳の描く女性像はどこか、おどろおどろしい。歌舞伎でも元禄期は『忠臣蔵』など義や忠を語る前向きのものが多いが、文化文政期の鶴屋南北になると、何か不条理で陰惨なものが多くなる。

まさにこれは、社会学者・見田宗介が戦後の日本社会を、「理想の時代」と「虚構の時代」に分けて論じたものと相い通じている。つまり、江戸前期：江戸後期＝戦後昭和期：平成期＝理想の時代：虚構の時代というアナロジーである（図表7－4）。

□江戸時代後期の社会

このような江戸時代後期の社会に生きていた人々の社会環境をみてみると、そこに、平成を経て令和になった日本社会との類似点が認められる。

まず、この時代は、平和で戦乱がなく政治的に安定した時代であったことは既に述べた。戦乱はないに越したことはないが、能力のあるものにとっては、上昇移動のチャンスの時代でもある。戦国時代に「下克上」という言葉ができたように、戦時は家柄はよくても無能なものは敗北して淘汰され、実力のあるものが上に行って支配者になれる。その象徴が豊臣秀吉であることはいうまでもない。逆に、伝統社会において、戦争がなく平和ということは、実力者が出世して社会のリーダーとなる機会が閉ざされるということだ（現代日本の政治家も2世、3世が多くなっているのと似ている）。

江戸時代になると、身分が決まり、厳格に運用された。つまり、身分が固定化された社会である。生まれた家によって身分どころか、一生の生活水準がほぼ決まってしまうのが江戸時代である。先にみてきたとおり、江戸前期はまだ経済成長によって、チャンス、特に商人が裕福になるチャンスはあったろう。しかし、武士はもちろん、大多数を占める農民にとって、生活水準を「世代内」でも「世代間」でも上昇させるチャンスはないに等しい。武士なら生まれて、石高が決まり、農民なら地主、自作、小作の別で生活水準が決まる。男性は、親の職業を継ぐのが原則、女性は父親と同程度の職の人と結婚する。

つまり、経済格差があり、それは、生まれにより決まり、それは一生涯変化しない、変わらない。そして、鎖国の上、人々は生まれた土地に縛り付けられているので、別の所に移住して一旗揚げるという夢もない。家が貧しく、口減らしなどで地元からはじき飛ばされた人などは、当時の大都市である江戸に流れ着き、奉公などサービス業に従事しながらその日暮らしをする。当時は一夫多妻が認められた平和な世の中なので、男性が相当余る社会であった。独身者が多いという状況も、令和日本の非正規雇用男性が置かれた状況に似ている。

江戸後期社会に生まれ育った若者は、人生の先がみえてしまう。一定の努力をしなければ生きていくこともできないが、一定以上努力したところで、格差が埋まるわけではない。これは、前章で述べた格差固定化が顕著になっている令和日本の社会状況と似ているのではないだろうか。

7_3 江戸時代後期のバーチャル文化

格差が固定化し、人生の先が見えてしまう江戸時代後期に生きる人の楽しみとして発達したのが、当時の庶民文化であると考えている。まさに、格差社会という現実を括弧に入れ、バーチャルな仕事や家族、つまり、夢の世界に浸ることによって、平凡な現実を埋めていくという点で、平成以降の日本にそっくりだと思っている。

江戸後期の文化というと、演劇では歌舞伎や浄瑠璃、講談、絵画では浮世絵、文学では黄表紙や読本などが思い浮かぶ。もっと広く取れば、伊勢参りや富士講など旅行も盛んになり、各地に遊郭など「接客を伴う飲食業」ができた。そして、これらの文化は、庶民の文化であったことが重要だと思っている。それ以前の文化は、欧米も含めて貴族や武士、富裕層のための文化であった。平和な世の中で、印刷物が発達し、特に江戸や大坂では武士だけではなく、商人や職人でも多少の余裕のある生活ができるようになった。

しかし、大部分の人々は、下級武士から農民に至るまで、身分制の中、先が見える人生であった。一部の上層武士は権力闘争にあけくれ、一部の豪商たちは金儲けに奔走していた。しかし、多くの庶民はそのような闘争やお金儲けに無縁であった。そこで、大衆文化が一般の人々の中に入り込み、庶民が妄想に浸ることが可能になった。

独身男性は、遊郭の花魁にあこがれた。幕府公認の遊郭、吉原でなくとも、品川など様々な宿場町で売春は行われていたし、食事処では給仕する女性との親密な会話が楽しめたろう。同性愛男性や女性独身者のために、男娼が性的サービスをする「陰間《かげま》茶屋」も存在していた。これは、現代日本の性的サービス業、そして、キャバクラ、ホストクラブなどの接客業に相似形といったら言い過ぎだろうか。当時は、どこにどのような遊女がいるといったガイドブックまで売られていた。番付といって遊女がランキングされているのも、現代日本の性風俗産業のネット上の広告やランキングサイトに似ている。

もちろん、庶民男性がお金がかかる遊郭などに毎日のように行けるわけではない。これも現代と同じである。そこで、浮世絵では、吉原の花魁などを描いた美人画、そして、枕絵と呼ばれる春画が売られ、それを見ながら妄想に浸ることができたのではないだろうか。大量に印刷された版画であるので、庶民にも手の届くものであったろう。

そして、浮世絵では、遊女以外の美人画も売られていた。それは、一般商店の看板娘だったりする。例えば、「笠森お仙」という茶屋娘を鈴木春信が描いている。彼女を一目みようと、当該の茶屋には男性客が押し掛けたようである。それは、まさに、今の「アイドル推し」に似ているのではないだろうか（藤田誠［２０２２］参照）。

女性は、歌舞伎役者にあこがれる。これも、アイドルや韓流スターにあこがれる現代のバーチャル文化に浸る女性にそっくりである。役者絵は、今のブロマイドやタレント・グッズと同じ機能を果たすものとして売られたのであろう。

もう1つの浮世絵のジャンルである「風景画」は旅行ガイドだった。庶民は、今行けなくても、いつか行けるかもしれないと期待したのではないか。つまり、空想の中で旅行を楽しむことが広がっていたのではないか。これは、現代の若者がソーシャルメディア（SNS）に、素敵な場所やイベントの写真をアップし、そこに行っていない人でも、いつか行けるのではないかと、みて楽しむものになるのとそっくりである。

安藤優一郎によると、江戸後期には寺社が特別ご開帳を行い、秘宝などを一般にみせ、入場料をとるということが行われていたという。これも、平凡な日常生活の中で、「特別」なイベントに参加し、それを友人に自慢することで満足を得るというシステムが働いていたのではないか（安藤［2022］『大江戸の娯楽裏事情』）。

さらに、安藤によると、当時は「富くじ」という今でいう幕府公認の宝くじが何度も催されたという。収入増加の見通しのない庶民にとっては、リアルにお金持ちになれる唯一のチャンスが宝くじである。これも、胴元が儲かる仕組みなので、高額の当選者はほんの一握りしかいない。これも、今と同じで、当たったら何を買おうか妄想するという楽しみを与えるバーチャルイベントといってもよいだろう。

このように、江戸時代の庶民にとって、日常の平凡さを埋め合わせるような、いわばバーチャル上の様々な楽しみが次々と提供されていた。これが、江戸時代の平和な時代であり、現代でもノスタルジーを誘う1つの理由ではないかと思う。江戸時代文化研究者の田中優子氏が、はっきりと「別世界」という言葉を使っているように。

□江戸時代と異なる状況

もちろん、平成から令和の社会と江戸時代後期が異なる点はたくさんある。

江戸時代は、藩を越えた米や商品の流通が行われ日本全体の経済圏が確立するが、鎖国によって、対外的には自給自足経済を維持していた。もし、黒船の来航がなければ、成長もない平和な日本社会はそのまましばらく続いていたのだろうか。

現代日本は、経済的にも文化的にもグローバルな環境の中にいる。たとえ、国内に住み、国内だけで仕事をしている人であっても、情報としては、海外の状況はみえる社会である。特に、コロナ禍収束後は、円安が進み、海外の方が豊かになり、日本が世界の中で衰退していることがわかる。その中で、国外に脱出する若者も出てきている（NHK「クローズアップ現代」取材班［2024］『ルポ海外出稼ぎ』）。私も、平成時代に、女性差別を嫌い、海外に活路を求め、外国人と結婚した女性たちを調査したことがある（山田・開内［2012］『絶食系男子となでしこ姫』）。

国外に脱出どころか、外国との比較も困難という条件が江戸社会の安定を支えていたことはいうまでもないだろう。

□平安時代後期──源氏物語の成立が意味するもの

章の最後に、平安時代後期（11～12世紀）にも触れておきたい。江戸時代以上にわかっていない部分が多いが、江戸後期や平成後期以降と同じく、人口が停滞した時期として知られている。また、この時期には、庶民の生活や意識に関する資料はほとんどない。

ただ、この時代が、日本史の中でも平和で安定した時期であることは異存あるまい。江戸時代と同じく、対外戦争や内乱もほとんどなかった時代である。貴族社会内部でトップクラスの貴族たちが権力闘争にあけくれることはあっても、男性も女性も、親の地位によって自分の人生がほぼ決まってしまう社会である。その時に、源氏物語など「バーチャルな物語の世界」に救いを見いだす人々が増えていったのではないかと考えている。大塚ひかり［2023］『嫉妬と階級の「源氏物語」』を読むと、生まれによって制約される中で、階級を越えるという願望が物語の中に投影されている様子をみることができる。こちらも、専門領域ではないので、あくまで類似点の指摘として受け取っていただければ幸いである。

第8章

幸せに衰退するニッポン
——令和日本のゆくえ

8_1 停滞する豊かな令和日本社会の現実

平成時代を総括すると、「停滞した豊かな社会」ということができる。

昭和ではあたりまえに実現できていた将来への希望、つまり、男性は仕事で努力すれば評価され、男女とも結婚して子どもを持ち豊かな生活を築くという将来への希望が持てない人たちが増えていく。平成はそのような時代であった。

そして、令和になると、希望格差が固定化する傾向が強まっている。現実では努力しても、世代内でも（その人の人生の中でも）、世代間でも（子どもの世代になっても）、報われないと思う人々が増え、なかなか将来への希望が持てなくなっている。

一部のものは、停滞する中でも、自分が思い描く夢を実現していくことはできる。しかし、そのような人たちは、能力が特段秀でていたり、親に恵まれているなど、限られた人々に限定されつつある。少なくとも、多くの人は、「自分では無理」と思うようになっている。テレビなどマスコミが、「貧しい親の元に生まれたけれど、努力して成功し豊かになった」人の実例を取り上げて宣伝することは、いまだに行われている。もちろん、今でもそのようなケースはあるだろう。しかし、この「格差が努力で乗り越えられる」という物語は、ますます現実味を失っている。昭和の時代なら、「私も頑張ろう」になったかもしれないが、令和の時代には「別世界の出来事」に聞こえてしまう。

例えば、野球界で大谷翔平がアメリカで活躍している。若い人々の間でも大人気である。昭和の時代なら、自分も自分なりの世界で努力して活躍できるようになろうと「希望の星」という位置づけになっただろう。しかし、今の若者は、自分が身近な世界でもリアルに成功しそうもないことはわかっているから、彼を「推し」、つまり、目標としてではなく、応援する対象としてしまうのだ。

そう、現実の世界での成功が別世界の出来事なら、バーチャル世界の出来事、体験の方がますます重要に思えてくる、というわけである。

令和期は、このまま、①リアルな世界で「豊かな家族生活」を築くという希望がなんとか実現できる人たちと、それが無理なので、②バーチャルな世界に希望を求める人への分裂が進行していく。

今後とも、リアルな世界で、安定した職業を持ち、結婚して子どもを育てる人々は、多数派を占めるであろう。いわゆる「リア充」の人々である。現役男性の正規雇用率は、75%を超える。未婚率や離婚率が高まっているとはいえ、半分程度の若者は、結婚して離婚せずに老後を迎えることはできる。現実世界で努力すれば、それなりの豊かな家族生活を築けるという「昭和」の希望を持つことはできる。豊かな家族生活とは、持ち家を手に入れ、車や家電製品を揃

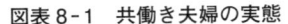

図表8-1　共働き夫婦の実態

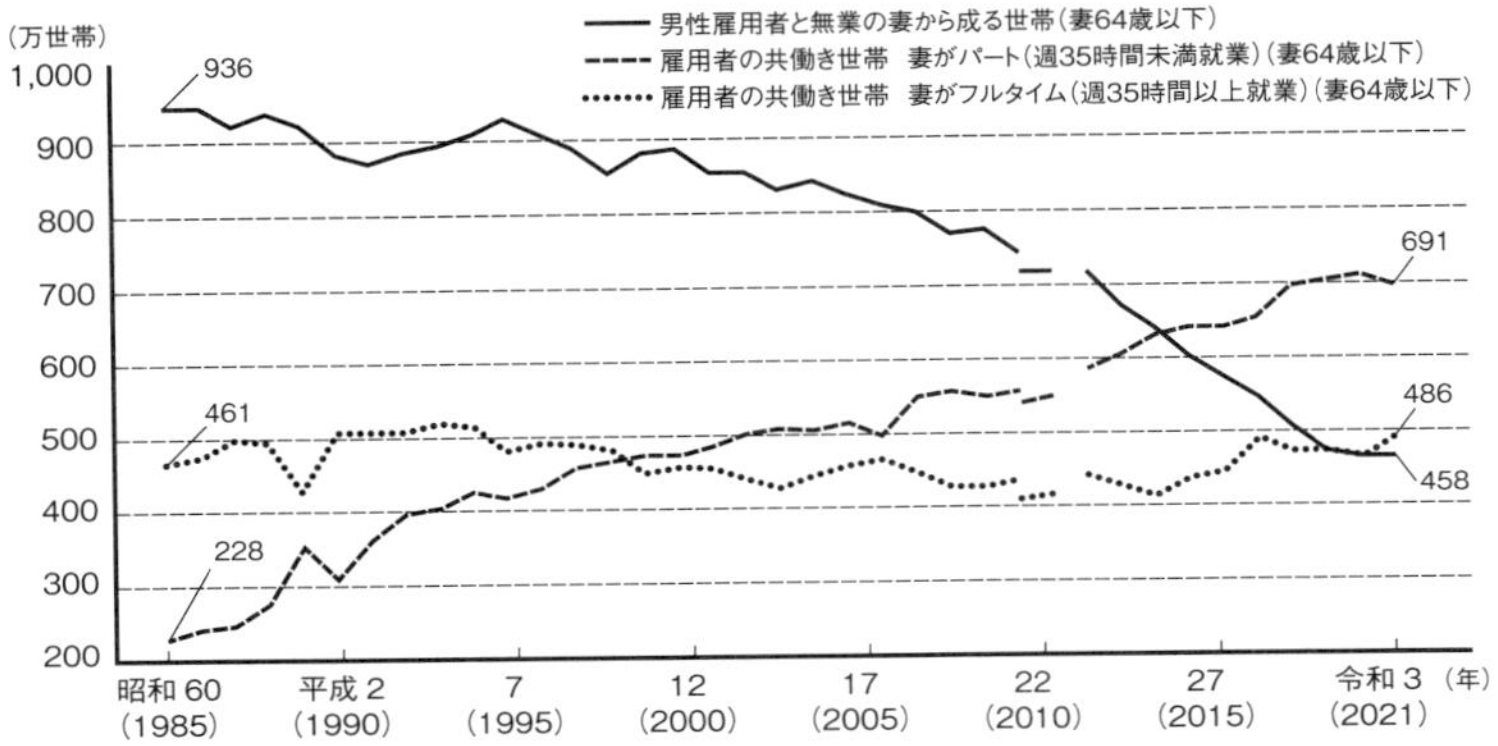

（備考）1. 昭和60年から平成13年までは総務庁「労働力調査特別調査」（各年2月）、平成14年以降は総務省「労働力調査（詳細集計）」より作成。「労働力調査特別調査」と「労働力調査（詳細集計）」とでは、調査方法、調査月等が相違することから、時系列比較には注意を要する。

2.「男性雇用者と無業の妻から成る世帯」とは、平成29年までは、夫が非農林業雇用者で、妻が非就業者（非労働力人口及び完全失業者）かつ妻が64歳以下の世帯。平成30年以降は、就業状態の分類区分の変更に伴い、夫が非農林業雇用者で、妻が非就業者（非労働力人口及び失業者）かつ妻が64歳以下の世帯。

3.「雇用者の共働き世帯」とは、夫婦ともに非農林業雇用者で（非正規の職員・従業員を含む）かつ妻が64歳以下の世帯。

（出所）内閣府男女共同参画局『令和4年版　男女共同参画白書』特-8図　共働き等世帯数の推移（妻が64歳以下の世帯）。

え、家族レジャーをし、子どもに教育費用を十分にかけることができる生活である。まさに、昭和の家族である。

しかし、経済成長が大きく見込めない以上、今以上、親以上の豊かな生活を築くことは難しくなる。特に、社会保障費などの負担が少子高齢化によって上昇するので、夫1人の収入で、親以上の生活を実現できるのは、ほんの一握りの高収入男性に限られてくる。それらは夫婦共に正規雇用で十分な収入が見込めるいわゆる「パワーカップル」や、親から相当の経済的サポートを得られる夫婦ぐらいになってくる。もちろん、パワーカップルはそれなりに増えてはくるだろうが、令和に入ってからも、未だ共働きといえば、「夫正規雇用―妻パート」が圧倒的に多く、正規雇用同士のカップルは平成30年間ほとんど増えていない（図表8-1）。

そうすると、結婚した多くのカップルにとっての喜びは、豊かな家族生活をかろうじて維持して、「小さな満足」、プチ幸せを得ること。時々、バーチャル世界で遊ぶということになる。それでも、およそ3組に1組は離婚に終わり、離婚後、再婚して豊かな生活の再建をできる人もいるが、シングルマザーになるなど生活困難に直面する人も増えていくだろう（図表8-2）。

リアルな世界で、昭和的な「豊かな家族生活」を作る見込みがない人、つまりは、「リア充」ではない人たちは、バーチャル世界に墜ちていくことになる。つまり、リアルな世界は生計のためと割り切って、希望を持たずに働く。結婚して子どもなどの扶養家族は持たないことにする。リアルな世界での幸福を諦め、疑似仕事や疑似家族などバーチャルな世界で幸せを探すことになる。

日本は、徐々に貧しくなるとはいえ、衣食住に困っている人はほとんどいないし、いわゆるスラムのような貧困地区はほとんどない（もちろん存在はするが）。それは、低収入、無収入でも、ある程度の生活はできる条件が存在しているからである。つまり、家族を形成し豊かに

図表8-2　ひとり親世帯になった時の末子の年齢

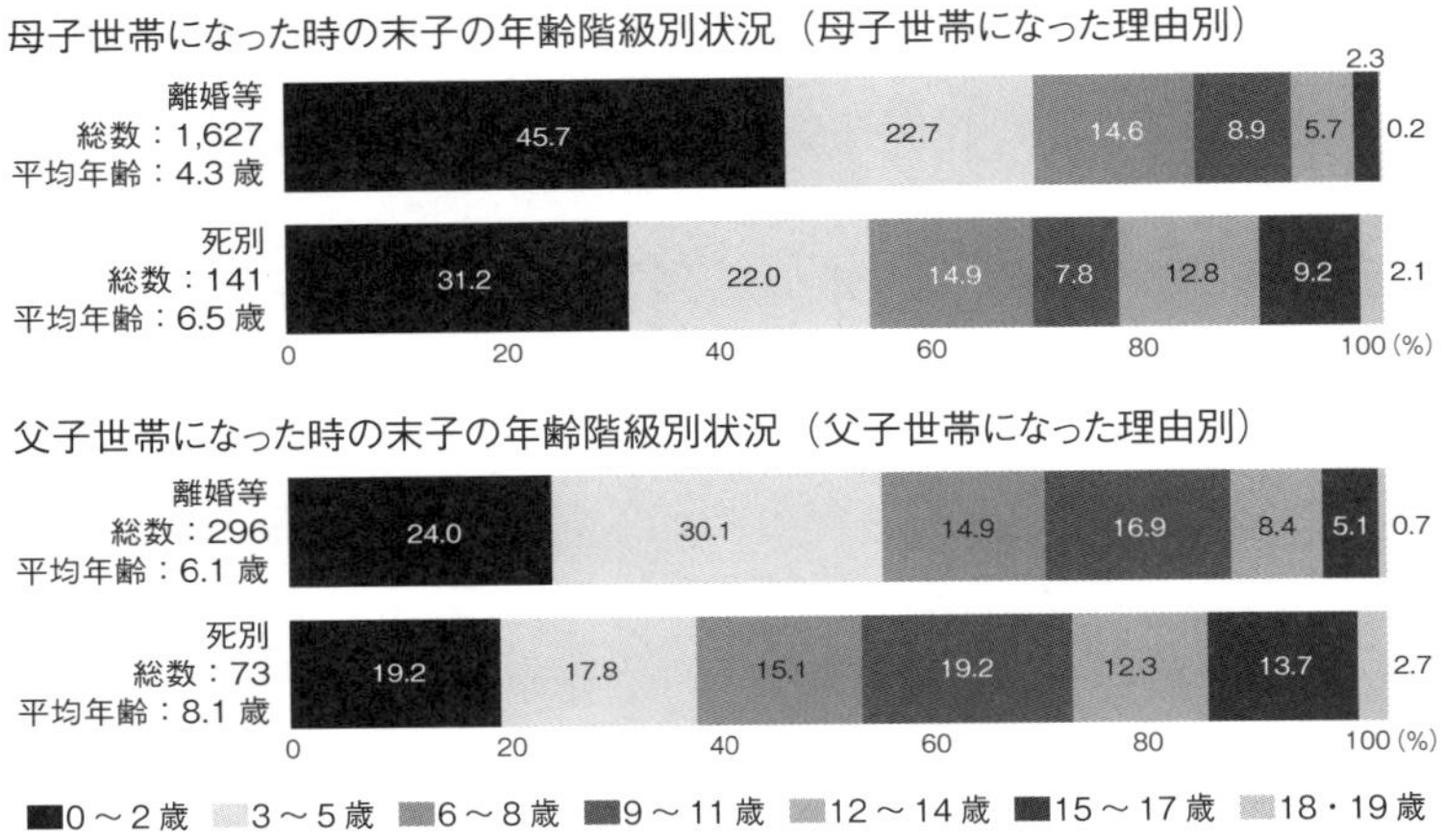

（備考）1. 厚生労働省「平成 28 年度全国ひとり親世帯等調査」より作成。
2. 母子世帯は、父のいない児童（満 20 歳未満の子供であって、未婚の者）がその母によって養育されている世帯。
父子世帯は、母のいない児童がその父によって養育されている世帯。
3.「離婚等」は、「平成 28 年度全国ひとり親世帯等調査」において「生別」と定義されているもので、離婚、未婚の母、遺棄、行方不明、その他の合計。
4. 年齢階級別の割合は、ひとり親世帯になった時の親の年齢が不詳の世帯数を除いた世帯数を総数として算出した割合。
（出所）内閣府『令和 4 年版　男女共同参画白書』特 19 図より。

生活できるほどの収入はないにしろ、バーチャルな世界にかけることができる程度のお金はあるという状況である。

その理由は、まず、パラサイト・シングル現象があげられる。第5章でみたように、多くの低収入、無収入の若年・中年独身者は、親と同居し、親に生活を支えられている場合が多い。これは、若年で親元に戻ってきた離別者にも当てはまる。親が持ち家で比較的裕福な親に支えられれば、未婚の子は、収入が少なくても自分の収入をすべて使うことができ、相当な額を自由に使うことができる。推し活なり、ゲームやパチンコなり、キャバクラなどに使える額は十分に用意できる（もちろん、過度にのめりこまなければの話だが）。

たとえ無収入でも、親が心配して小遣いを与えるかもしれないし、インターネット代を親の口座から引き落としているかもしれない。収入の程度によって異なるにしろ、かなりの額をバーチャル消費にかける人もいるだろう。

また、日本は失業率がたいへん低く、非正規雇用で職種を選ばなければいくらでも仕事はあることも理由としてあげられる。たとえひとり暮らしであっても、健康で働くことができれば、仕事での昇進は見込めなくても、アパートを借りて生活し、それに加えて、バーチャル消費にかける費用程度は稼ぐことができる。

また、心身の病気や障がい等、何らかの理由で働けなくても、生活保護を受給できさえすれば、生活費以外に、家でテレビをみたり、パチンコに行ったり、ネットゲームしたり、ペットを飼う程度のお金は残る。つまり、健康で文化的な生活の中に、バーチャルで楽しむことも含まれていると考えることができる。

□危険な兆候

もちろん、危険な兆候がないわけではない。

リアルな生活で希望を持てず、さらに、バーチャルな世界にも行けない人が存在する。つまり、希望の持てる仕事に就いているわけでもなく、生活が豊かになる見通しもない。自分を大切に思う家族もいなければ、理想的な結婚ができる見通しもない。

そのように現世に絶望した人の中から、欧米のように、原理主義的新興宗教に走る人も出てくる。平成にもオウム真理教事件があったし、近年では統一教会が話題になっているが、現世の財産をすべてなげうって来世に希望を託す人もいる。また、秋葉原事件などにみられるように、現世に見切りをつけ、「不特定多数」の人を道連れに、「死刑になってもかまわない」といって犯罪を犯す人もいる。

ただ、欧米に比べれば、その規模は小さいのが、日本の特徴で、バーチャルな世界がリアルな世界で希望を失った人たちの受け皿になっていることが大きいと私はみている。

8_2 幸せに衰退するニッポン

□知らぬ間に経済的に衰退していく日本

では、日本社会はこれからどうなるだろうか？

私は、日本社会は世界の中で、経済的には、徐々に衰退していくとみている。社会は分断され、大きな経済的発展はなく、少しずつ生活水準が低下する。この「少しずつ」というのがポイントだと思っている。

少子高齢化によって、現役世代が減少し、年金を受給する高齢者が増えていく。財政状況は徐々に悪化する。それ以上に、介護人材が大きく不足する。外国人に頼ろうとしても、日本の経済力が落ちているため、移民が来るどころか、チャンスを求めて海外に脱出する優秀な若者が増える。経済成長は可能にしても、世界の成長率に比べれば相対的に小さいままであろう。つまり、1人当たりGDPは、現在の先進国やアジアの新興国に遠く及ばないだけでなく、中進国にも追いつかれているかもしれない。

日本の政府、官僚はとても優秀で、「大きな経済危機」、つまり、一度に多くの人が生活できなくなるという事態は、予め防がれるとみている。全体が破綻しないように、大きな不満が出ないように、経済・社会は運営されていくであろう。

例えば、高齢者を例にとろう。今、年金水準は「少しずつ」引き下げられている。新たに年金をもらう人は、比較のしようがないからそれを甘受するしかない。10年前にもらい始めた人に比べて相対的に少ない年金であっても、それを実感できない。だから、文句はあまり出ない。公的な介護水準も「少しずつ」引き下げられる。例えば、同じ介護基準の人でも、以前は週2回入浴サービスを受けられていたのが、月に2回になるというレベルである。これも、新たに要介護者になる人にとっては、前と比較しようがないから、文句は出にくい。日本人は、同じ立場の人の間で差が付くのはいやがるし、今介護を受けている人が、突然その水準が低下すると怒り出すかもしれないが、前の世代と比較して水準が低下していてもあまり気に留めないものである。

なぜなら、年金水準や介護水準の低下は、現実に今でも起きていることだが、ほとんど目に見えない形で実施されるからである。また、比較的富裕な層は、公的な部分に頼らない形で老後の資金、介護計画をたてるので、大きな反対運動は起きないのである。

現役世代も、収入はあまり増えず、増えた分は、税金や社会保険料の上昇によって帳消しにされる。同年代で比較した場合、実質可処分所得は、平均的にみれば、今後、減ることはあっても増えることはない。しかし、同世代をみてみれば、皆が同じような収入で、同じような生活を送っていれば、大きな文句は出ない。

□衰退を受け入れる国民

このように、平均的にみれば少しずつ、徐々に生活水準が低下する。そして、多くの国民は、それを仕方がないものとして受け入れていくだろう。

なぜなら、多くの日本人は、リアルであれ、バーチャルであれ、それなりに満足しているからである。

結婚して伝統的家族を形成・維持できている人々（男性正規雇用者、正規雇用者と結婚した女性）は、子どもを育てながら、将来人並みの生活を送れるという希望を持つことができるだろう。生活水準は、前の世代に比べれば低下するにしろ、「節約」すれば、「人並みの生活」は送れるし、時折、推し活やゲームなどのバーチャル世界で楽しめばたいしたお金はかからない。

独身者など、将来昭和型の家族が形成できない人も、リアルな世界で多少生活水準が落ちても、ゲームや推し活という世界で楽しむことができる程度の収入がある限り、文句はいわない。

不満は比較によって生まれる。みんな一緒に少しずつ、貧しくなるのであれば、多くの人は不満を持たない。みんな一緒というのがポイントである。現代の日本人は、何よりも、自分だけ損をすることを最も嫌う。自分が多少損をしても、周りのほかの人が同じくらい損をするならば耐えられる。もちろん、人並みの生活自体が成り立たない、バーチャルに使える程度の収入もないという状態になれば、怒るだろうが、そうでない限り、今のままの生活が続くことを願う。そして、その願いは、政府、官僚がかなえてくれているし、自分が何もしなくても、政府が安定した社会を保証してくれると信じているともいえる。

また、比較の対象が身近な国内である限り、大きな不満は起きない。円安もあり、近年は、海外旅行に行く人はコロナ前に比べ大きく減っており、発展する豊かな海外を垣間見る人でさえ少なくなる。さらに留学や仕事で海外で生活するなど、海外の豊かな生活を羨望の目でみる人（私もだが）は少数派である（ちなみに、知り合いの香港の某大学の経済学の日本人教授は、新型コロナ禍の最中、日本に帰国してある国立大学の教授になったが、給料は半分以下になったそうである。円安が一段と進んだ今では、多分給料は3分の1レベルとなっているだろう）。

能力がある人は、社会を変えることにエネルギーを注ぐよりも、海外で活躍した方が合理的である。先に述べたようにＮＨＫで話題になった『ルポ海外出稼ぎ』では、いわゆるサービス業などのアルバイトであっても、オーストラリアやカナダの方がはるかに高給を稼げる。英語に不自由なければ、海外で働いた方が、よほど将来に希望が持てる生活ができる。

それが大きな流れにならないのは、やはり、「リスクをとりたくない」という若者がまだまだ多く、そのような若者をわれわれ親世代が作り出してしまっているからである。だから、優秀な人材が大挙して海外流出して日本社会が立ちゆかなくなる可能性も低いとみている。たとえ、高収入になるチャンスがあったとしても、貧しくとも安定した生活を送るのがよいというように、われわれ大人たちが若者を育てたというのは、この事態を見越してのことだろうか。

政治に目を転じれば、国内で安定した生活が送れると思っている人は、わざわざ、自分が損をする「かもしれない」ような社会改革は、必要ないと思っている。多くの国民がそう思っている以上、政治家や官僚もその願望に従わざるを得ない。将来の日本のためによいと思っても、そのような改革が現在の犠牲を伴うものであれば、誰も行おうとしないからである。

8_3 われわれは何ができるのだろうか

以上述べたように、私の見立てでは、このままでいくと、日本社会は少しずつ衰退する。それも、幸せに。

平成時代から続いていた傾向、①経済の停滞、②女性活躍の低迷、③少子高齢化の進展、④格差社会の進展は、多少は改善されるかもしれない。政府も対策を打っていないわけではない。しかし、その歩みは、とてものろい。今のままでは、経済的には、経済や社会制度を大きく変革している先進国はもちろん、中進国にも遅れをとっていくだろう。

日本が経済的に大きく発展するためには、「日本型雇用慣行」「性別役割分業型家族」を前提とした制度、意識を抜本的に改革しなければいけないのだが、今の日本の状況を考えると無理と思えてならない。例えば、夫婦別姓制度の新設も議論の俎上に載ってから30年近く変化がない。女性管理職割合も、単なる公表でさえも大企業に限られているのが現状である。少子高齢化対策といっても、アルバイトやフリーランスに適用されない育児休業などを充実させる程度で、ほとんど実効性がない。２０２４年7月、遺族年金がやっと改革の俎上に載ったが、その実施は相当先の話である。正社員の専業主婦優遇の扶養控除や年金の第3号被保険者制度に至っては、ほとんどまったく手が付けられていない。政府も官僚も、与党も野党も現状変革によって反対の声が起きるのを嫌って、課題に載せることもしない。

現状を大きく変えるような改革は、政府、官僚だけでなく、与党も野党も、高齢者も若者もつまりは、国民はいやなのだ。先に述べたように、今の自分たちの生活が人並みに維持されるなら、日本全体が世界から取り残されてもかまわない。制度を抜本的に改革するとなると、そこでは、必ず、リスクが生じる。短期的に損をする人が発生する。混乱も必ず起きるであろう。政府や官僚は、大きな文句をいわれるリスクを避けたい、一般の人々は今の生活を失うリスクを避けたい、その思いが日本社会の停滞を作り出している。

私のような、昭和の時代に若者期を送り、「ジャパン・アズ・ナンバーワン」を知っている者にとっては、衰退する日本をみるのは、「淋しい」。しかし、バーチャルな世界で幸せに生きることがネイティブな若者にとっては、赤川学・東大教授が「子どもが減って何が悪いか！」（赤川［2017］）というのになぞらえれば、「日本が衰退して何が悪いか！」といわれかねない事態である。

私も高齢者になり、現天皇陛下は私よりもお若い。中央大学定年退職の日も近づいている。次の元号になるまでこの世にとどまれるかどうかはわからない。日本が、バーチャルな世界の発展とともに幸せに衰退していくのか、リスクと混乱を伴う抜本的な変革が起きるのか。生きている限り注視していこうと思っている。

あとがき

□推し活化する選挙

本文脱稿後、注目すべき選挙結果があった。1つは、もちろん、自公連立政権が過半数割れし、国民民主党が躍進した総選挙である。

私が感じたのは、これは、選挙の「推し活化」ではないのだろうかということである。以前からその兆候はあった。安倍政権が長続きしたのは、本文に書いたように、人々が今の制度の改革を求めていないということにもあるが、実はその背景に「安倍首相推し」があったのではないかと感じている。

15年前、『なぜ若者は保守化するのか』を書いて以降、若者の自民党支持率が高まり、安倍政権下、多くの若者は政権与党を支持してきた。それは、若者が保守化したという以上に、「安倍推し」の若者が多かったということがあるのではないか。

今回（2024年10月）の総選挙では、若者の投票行動が、自民党から国民民主党に大きくシフトしたことが報じられた。今回は、若者の推しの対象が「国民民主党」に移り、「玉木推し」という現象が起きたのではないかと思っている。

与野党とも、根本的に社会制度を変えるといった方向性を打ち出した政党はみられない。少子化対策や景気刺激策も似たり寄ったり、裏金問題も一種のスキャンダルで、庶民の生活に直結する課題ではない。社会の将来のビジョンで争われたものではなかったと判断している。選挙結果で大きく社会が変わることはないと思い、「推し」の政党、人を応援するという行動が、この選挙結果を生み出したのだと思えてならない。

今から考えれば、選挙の推し活化の予兆は、２０２４年7月の東京都知事選で石丸氏が大健闘したことに現れていた。そして、パワハラ疑惑で辞任した斎藤元彦兵庫県知事の再選が、パワハラが本当にあったかという争点よりも、また、兵庫県政をどうしていくかという視点よりも、「斎藤知事推し」の人たちがかなりの割合いたからこその結果というのが事実ではなかろうか。

ＡＫＢ総選挙が終わったのが２０１８年、若者たちは、「推し」を選挙で応援する場を本当の選挙に求め始めたのかもしれない。

このように、政治の世界にまでも「推し」の力が押し寄せている。今後の動きに注目したい。

□本当のあとがき

本書は、「まえがき」で書いたように、20年前に著した『希望格差社会』以降の社会変化を、もう一度、希望という観点から見直してみたいという動機から書かれたものである。
本書のもとになったのは、『神奈川大学評論100号特集　過去・現在・未来』（2022年）の中で書いた、「格差の過去・現在・未来」というタイトルの論文である。最初は、これを含めた評論集の出版を、『なぜ若者は保守化するのか』でお世話になった東洋経済新報社の岡田光司さんと、プロモーション関係のお仕事でお世話になった細矢萌さんに相談したところ、むしろ、論文を膨らませて一冊の本にと提案され、よろこんで執筆させていただいたのが本書の成り立ちである。岡田さん、細矢さんには本当にお世話になりました。また、卒業生の山倉（三浦）まいさんには、本書の図表の収集、整理をお手伝いいただきました。紙面を借りて感謝を申し上げます。

2024年師走

山田　昌弘

参考文献

赤川学（2017）『これが答えだ！　少子化問題』ちくま新書
安藤優一郎（2022）『大江戸の娯楽裏事情――庶民も大奥も大興奮！』朝日新書
石田光規（2011）『孤立の社会学 無縁社会の処方箋』勁草書房
ウェーバー、マックス、松井秀親訳（1988）『宗教・社会論集』河出書房新社
ヴォーゲル、エズラ著、広中和歌子、木本彰子訳（1979）『ジャパン アズ ナンバーワン――アメリカへの教訓』TBSブリタニカ
梅原猛（1987）『写楽――仮名の悲劇』新潮社
NHK「無縁社会プロジェクト」取材班編著（2010）『無縁社会――〝無縁死〟三万二千人の衝撃』文藝春秋
NHK「クローズアップ現代」＋取材班（2019）『アラフォー・クライシス――「不遇の世代」に迫る危機』新潮社
NHK「クローズアップ現代」＋取材班（2024）『ルポ海外出稼ぎ――「安いニッポン」から「稼げる国」を目指す若者たち』大和書房
NHK放送文化研究所編（2020）『現代日本人の意識構造（第九版）』NHK出版
大澤真幸（2008）『不可能性の時代』岩波新書
大塚英志（2016）『「おたく」の精神史――一九八〇年代論』星海社新書
大塚ひかり（2023）『嫉妬と階級の源氏物語』新潮社
落合恵美子（1994）『21世紀家族へ』有斐閣
片桐雅隆（2022）『人間・AI・動物――ポストヒューマンの社会学』丸善出版

角川アスキー総合研究所編（2023）『ファミ通ゲーム白書2023』角川アスキー総合研究所
金間大介（2022）『先生、どうか皆の前でほめないで下さい――いい子症候群の若者たち』東洋経済新報社
金子勝（2019）『平成経済衰退の本質』岩波新書
鬼頭宏（2000）『人口から読む日本の歴史』講談社学術文庫
小出祥子（2023）『オタク用語辞典 大限界』三省堂
橘木俊詔（2006）『格差社会――何が問題なのか』岩波新書
辻泉（2018）『鉄道少年たちの時代――想像力の社会史』勁草書房
寺西重郎（2018）『日本型資本主義――その精神の源』中公新書
冨山和彦（2014）『なぜローカル経済から日本は甦るのか――GとLの経済成長戦略』PHP新書
中山淳雄（2021）『推しエコノミー』日経BP
西本貴信（2014）『「おっさんレンタル」日記』大和書房
日経xwoman 2021年9月3日記事より https://woman.nikkei.com/atcl/column/21/071900026/090100013/?SS=imgview&FD=1421851125
日本生産性本部編（2023）『レジャー白書2023』公益財団法人日本生産性本部
内閣府（2023）『地域の経済2023』https://www5.cao.go.jp/j-j/cr/cr23/chr23_index-pdf.html
内閣府男女共同参画局（2022）『令和4年版 男女共同参画白書』
新島典子（2024）「私たちは猫カフェから何を得ているのか?」赤川学編『猫社会学、はじめます――どうして猫は私たちにとって特別な存在となったのか?』筑摩書房
ネッセ、ランドルフ（Nesse, Randolf）（1999）『The Evolution of hope and despair, Social Research 1999 summer』
濱口桂一郎（2015）『働く女子の運命』文春新書
速水融（2022）『歴史人口学で見た日本（増補版）』文春新書

ピケティ、トマ著、山形浩生、守岡桜、森本正史訳（２０１４）『21世紀の資本』みすず書房
平山亮、古川雅子（２０１６）『きょうだいリスク――無職の弟、非婚の姉の将来は誰がみる？』朝日新書
藤田誠（２０２２）『浮世絵が語る江戸の女たちの暮らし』グラフィック社
藤田結子（２００８）『文化移民――越境する日本の若者とメディア』新曜社
細井和喜蔵（１９２５）『女工哀史』改造社
ホックシールド、アーリー（２０１８）布施由紀子訳『壁の向こうの住人たち――アメリカの右派を覆う怒りと嘆き』岩波書店（原著２０１６）
堀有喜衣（２０１６）『高校就職指導の社会学――「日本型」移行を再考する』勁草書房
見田宗介（１９９６）『現代社会の理論――情報化・消費化社会の現在と未来』岩波新書
――（２００６）『社会学入門――人間と社会の未来』岩波新書
――（２０１８）『現代社会はどこに向かうか――高原の見晴らしを切り開くこと』岩波新書
宮本みち子、岩上真珠、山田昌弘（１９９７）『未婚化社会の親子関係――お金と愛情にみる家族のゆくえ』有斐閣選書
森岡孝二（２０１５）『雇用身分社会』岩波新書
山田昌弘（１９９９）『パラサイト・シングルの時代』ちくま新書
――（２００４ａ）『希望格差社会――「負け組」の絶望感が日本を引き裂く』筑摩書房
――（２００４ｂ）『家族ペット――やすらぐ相手は、あなただけ』サンマーク出版（現在、ディスカヴァー21）
――（２０１６ａ）『家族難民　中流と下流――二極化する日本人の老後』朝日文庫
――（２０１６ｂ）「サブカルチャー」吉川雅之、倉田徹（編著）『香港を知るための60章』明石書店
――（２０２０）『日本の少子化対策はなぜ失敗したのか？――結婚・出産が回避される本当の原

因』光文社新書
――（2021）『新型格差社会』朝日新書
――（2019）「独身者の生活実態」『家族社会学研究』第31巻第2号、150‐159頁
――（2022）「中年独身者の生活実態と将来不安――50代独身者への質問紙調査から」『中央大学社会科学研究所年報』巻26、15‐30頁
――（2023）「ペットの家族化の進展とその帰結――ネットモニター調査による考察」『中央大学社会科学研究所年報』巻27、3‐21頁
――（2024a）『パラサイト難婚社会』朝日新書
――（2024b）「コロナ禍が家族に与えた影響」『年報社会学論集』関東社会学会
山田昌弘、白河桃子（2008）『「婚活」時代』ディスカヴァー携書
山田昌弘、開内文乃（2012）『絶食系男子となでしこ姫』東洋経済新報社
吉川雅之、倉田徹編著（2016）『香港を知るための60章』明石書店
吉見俊哉（2019a）『平成時代』岩波新書
吉見俊哉編（2019b）『平成史講義』ちくま新書
與那覇潤（2021）『平成史――昨日の世界のすべて』文藝春秋
ライシュ、ロバート著、清家篤訳（2002）『勝者の代償――ニューエコノミーの深淵と未来』東洋経済新報社
ラッセル、バートランド著、市井三郎訳（1969）『西洋哲学史（下）』みすず書房
渡辺和博、タラコプロダクション（1984）『金魂巻――現代人気職業三十一の金持ビンボー人の表層と力と構造』主婦の友社

【著者紹介】
山田昌弘（やまだ　まさひろ）
1981年、東京大学文学部卒業。1986年、東京大学大学院社会学研究科博士課程単位取得退学。現在、中央大学文学部教授。専門は家族社会学。親子・夫婦・恋人などの人間関係を社会学的に読み解く試みを行っている。学卒後も両親宅に同居し独身生活を続ける若者を「パラサイト・シングル」と呼び、2004年には『希望格差社会』を刊行し「格差社会」という言葉を世に浸透させたことでも知られる。また、「婚活」という言葉を世に出し、婚活ブームの火付け役ともなった。主な著書に『パラサイト・シングルの時代』（ちくま新書）、『希望格差社会』（ちくま文庫）、『少子社会日本』（岩波新書）、『「婚活」時代』（ディスカヴァー携書）、『新型格差社会』（朝日新書）、『なぜ若者は保守化するのか』『「婚活」現象の社会学』（以上、東洋経済新報社）がある。

希望格差社会、それから
幸福に衰退する国の20年

2025年1月28日　第1刷発行
2025年7月10日　第2刷発行

著　者――山田昌弘
発行者――山田徹也
発行所――東洋経済新報社
〒103-8345　東京都中央区日本橋本石町 1-2-1
電話＝東洋経済コールセンター 03(6386)1040
https://toyokeizai.net/

装　丁………橋爪朋世
ＤＴＰ………アイシーエム
印　刷………ベクトル印刷
製　本………ナショナル製本
編集協力……パプリカ商店
編集担当……岡田光司

ISBN 978-4-492-22426-7